청소년을 위한

고전 독서토론 수업

청소년을 위한
고전 동서토론 수업

초판 1쇄 발행 2024년 1월 4일

지은이 오성주

펴낸이 강기원
펴낸곳 도서출판 이비컴

편 집 김선희
마케팅 박선왜
표 지 아쿠아루트

주 소 서울시 동대문구 고산자로34길 70, 431호
전 화 02)2254-0658 팩 스 02)2254-0634
메 일 bookbee@naver.com
출판등록 2002년 4월 2일 제6-0596호

ISBN 978-89-6245-219-8 (03370)

청소년을 위한

고전 독서토론 수업

오성주 지음

이비락 樂

책을 내면서

나는 인간의 모든 불행이 그들이 분명한 언어를 쓰지 않는 데서 온다는 것을 깨닫게 되었다. 때문에 나는 정도(正道)를 걷기 위해 분명하게 행동하고 말하기로 마음먹었다. - 알베르 카뮈『페스트』

독서토론 코치 활동을 시작한 지 5년째로 접어든다. 다양한 책들로 토론 활동을 하면서 토론수업이 갖는 장점과 효과에 매료되어 여전히 이 일을 하고 있다. 학생들의 순수한 영혼에서 뿜어져 나오는 혜안과 통찰에 유레카를 외친 적도 많고 토론수업을 통해 놀라운 진전을 보이는 학생들의 모습에서 희망과 밝은 미래를 보기도 했다.

나는 토론수업이 효과적인 학습법이라는 점에 격하게 동의한다. 따라서 토론수업이 보다 확산되기를 바란다. 지금은 토론수업을 잘 이끌 수 있지만 처음 시작할 때만 해도 그렇지 못했다. 그리하여 시중에 나온 다양한 토론 교재들을 참고했지만 실제 현장에서 활용할 수 있는 콘텐츠와 관련하여 도움을 받을 수 있는 교재가 많지 않았다.

우리나라 토론 교재들은 크게 두 종류로 나뉜다. 토론의 '형식'에 관한 것과 '내용'에 관한 것이다. 형식에 관한 것은 시중에 많이 나와 있다. 토론 교재의 상당수가 형식에 관한 책이다. 내가 굳이 덧붙일 내용이 없을 만큼 시중에 참고할 만한 훌륭한 책들이 이미 많이 나와 있다. 형식적인 부분이 필요하다면 그 책들을 참고하면 좋다.

그런데 복잡한 토론 형식은 내용의 중요성에 비한다면 부차적인 요소라고 할 수 있다. 수업에서 중요한 것은 내용의 측면이다. 물론 최소한의 형식을 갖추는 것은 필수적이고, 형식에 맞추어 토론수업을 진행해야 한다는 주장에 전적으로 동의한다. 하지만 학생들과의 수업에서 가장 필요한 점은 어떤 도서로, 무슨 내용으로 수업할 것인가의 문제이다. 그런 면에서 볼 때 내용에 관해 참고할 수 있는 책이 많지 않았고 그마저도 여러 이유로 현장에 바로 적용하기 어려웠다. 그래서 나는 현장에서 코치들이 바로 활용할 수 있는 교재가 필요하다고 생각했다. 여기 정리한 토론 도서 목록들은 그 일환의 하나로 학교나 도서관에서 학생들과 토론수업을 했던 것들이다. 널리 알려진 고전 필독서로 독서토론을 하면서 내가 경험한 것들을 바탕으로 유용한 팁을 간추려 보았다.

고전으로 독서토론을 하면 아래와 같은 효과가 있다. 고전 독서토론의 효과는 고전을 읽는 효과에 토론의 장점을 더한 것과 같다.

첫째, 고전 독서토론은 인간과 세계를 입체적으로 볼 수 있도록 도와준다.

괴테는 "삶과 역사의 진면목은 환원할 수 없는 복잡성에서 발견되며, 개별은 필설로 형용하지 못한다."라고 말했다. 대개 고전이라고 불리는 책들에는 등장인물을 선과 악으로 분명하게 구분하기 어려운 입체적인 인물이 많다. 그래서 고전이다. 우리의 상식과 편견을 깨고 세계의 진실에 접근할 수 있도록 여러 국면을 보여준다는 점에서 고전인 것이다. 고전 독서토론은 이와 같은 고전을 토론으로 이해하는 과정이다.

이 과정에서 세상을 보는 다양한 관점을 배운다. 이러한 세상의 다양성은 성숙과 관용의 눈으로 포착되며 토론은 이를 위한 가장 효과적인 학습법이다.

둘째, 고전 독서토론은 문제 해결력을 높여준다.

"고전은 변치 않는 근본 문제에 대해 결정적인 답을 제공하기에 가치 있는 것이 아니라, 근본 문제와 관련하여 상대적으로 나은 통찰과 자극을 주기에 유의미하다."『우리가 간신히 희망할 수 있는 것』에서 김영민 교수가 했던 말이다.

인간의 본성이 변하지 않는 한, 인간이 세상을 살면서 겪는 문제는 이미 누군가가 겪었을 가능성이 높다. 고전은 인간이 겪은 문제의 집대성이다. 고전을 통해서 인간이 직면하는 어려움에 대해 고민하고 사유하는 것은 문제 해결력을 높이는 효과가 있다.

여기에 메타인지를 활성화하는 독서토론을 하면 그러한 자극이 더욱 배가(倍加)된다. 무엇보다도 어려움에 처했을 때 거리를 두고 비판적으로 생각할 수 있게 돕는 효과가 있다.

셋째, 고전 독서토론은 언어를 더욱 정교하게 사용하도록 돕는다. "악이란 시스템을 무비판적으로 받아들이는 것이다." 한나 아렌트의 말이다. 한나 아렌트는 『예루살렘의 아이히만』에서 독일 나치의 친위대 장교 아돌프 아이히만이 사무적인 언어 외에는 사용하지 못한다는 점에 주목한다. 그리고 타인의 입장에서 생각하지 못하는 아이히만의 '사유의 불능'은 '언어의 부족'에서 기인한다고 결론 내린다. 기실 인간 문제의 상당 부분은 언어의 문제이다. 언어를 정교하게 사용하지 않음으로써 우리는 서로 어긋난다. 이를 바로잡으려면 언어를 더욱 명확하게 사용하는 훈련이 필요하다.

고전 독서토론은 적확한 언어로 세상을 통찰한 지혜를 배워, 토론을 통해 효과적으로 이 목표에 도달할 수 있도록 돕는다.

이 밖에도 고전으로 독서토론을 하면 좋은 가치관과 풍부한 정서교육의 효과도 기대할 수 있다. 좋은 문장이 어떤 사람의 가슴을 관통하게 되면 그 사람은 이전과는 다른 사람이 되기 마련이다.

그러므로 고전을 많이 읽는 사람은 필경 좋은 삶에 대해 사유할 것이고 더 나은 사람이 되려고 노력할 것이다. 이러한 다양한 효과에도 불구하고 고전 독서토론은 활성화되기 어려운 형편이다. 우리나라 교육 현실이 생각보다 녹록하지 않아서다. 토론 교육이 생각에 대한 생각이나 비판적 사고력을 기르기 위한 본래의 목적보다 입시를 위한 스펙으로 존재하는 경우가 많은 데다 대부분의 학생이 학교와 학원을 오가느라 독서할 시간적, 정신적 여유가 없어서다. 그래서 우리나라 학생들을 위한 토론수업에 대해 많은 고민을 해야 했다.

여기 선정된 책들은 그러한 고민의 결과물이다. 선정된 도서와 논제들은 직접 수업하면서 다듬어진 내용들이다. 이 책들은 어려운 고전들 가운데에서 특별히 간택된 비교적 가벼운(?) 토론수업을 위한 것들이다.

이러한 효과를 위한 도서 선정 기준은

첫째, 너무 복잡하거나 어렵지 않은 책을 골랐다. 우리나라 학생들은 입시에 시달리느라 책을 천천히 음미하고 깊이 생각할 시간이 적다. 긴 호흡으로 고전을 읽고 토론하기에는 주어진 환경이 너무 척박한 셈이다. 톨스토이의『전쟁과 평화』나 도스토예프스키의 『카라마조프가의 형제들』은 훌륭한 명작이지만 내용이 어려워 학생들에게 일독을 권하기에는 부적합하다고 여겨졌다. 따라서 비교적 학생들이 쉽게 읽을 수 있고 주제가 선명한 책을 골랐다.

둘째, 쟁점이 뚜렷한 책을 골랐다. 그러다 보니 공교롭게도 서양 고전이 많이 선정되었다. 서양 고전은 상대적으로 논제를 추출하기 쉽고 주장이 논리적으로 전개되어 토론에 적합했다. 의도한 바는 아니지만 우리나라나 동양의 고전들은 쟁점이나 주장이 찬반 토론에 적합하지 않은 경우가 많아서 선택되지 않았을 뿐이다. 향후 공부에 더욱 정진해서 학교 현장에서 활용할 만한 동양 고전들을 골라 다시 독자들을 만나기를 소망한다.

셋째, 책의 분량도 고려했다. 지나치게 분량이 많은 책은 피했다. 이 또한 시간의 부족에서 기인한다. 고전을 읽을 때 가장 중요한 것은 텍스트를 직접 꼼꼼히 읽는 것이다. 문장을 기억하고 되새김질하려는 마음으로 작품을 대할 때 고전의 풍부한 맛을 충분히 느낄 수 있다. 고전 독서토론의 진정한 목표는 학생들이 직접 고전을 음미하게 하는 것이다. 그래서 분량 때문에 제외된 책들이 많아 개인적으로 아쉽다.

이와 같은 고전 독서토론에서 논제의 역할은 매우 중요하다. 논제를 작품 전체를 관통하는 핵심 주제에서 뽑아야 온전한 독서를 할 수 있기 때문이다. 논제가 지엽적이면 오히려 책을 제대로 이해하는데 방해가 된다. 따라서 주제와 동떨어진 논제가 도출될 우려 때문에 학생들과 토의를 통해 논제를 만들기보다 코치가 직접 만드는 것이 좋다고 생각한다. 코치가 미리 가능한 주장에 대한 시뮬레이션과 쟁점 체크를 해야 하기 때문이다. 여기 선정된 도서들의 논제는 핵심 주제에서 추출한 논제들이다.

독서토론을 할 때 주장의 근거를 책에서만 가져와야 한다고 말하는 사람들이 있다. 실제로 많은 토론협회나 토론대회에서 책에서만 근거를 가져올 것을 원칙으로 규정하기도 한다. 그러나 나는 개인적으로 그러한 원칙에 반대한다. 고전은 본디 토론을 위해 쓰인 책이 아니다. 책 속에서만 근거를 찾아야 한다고 한정하면 토론에 필요한 주장이나 근거를 제대로 확보하기 어려운 상황이 생긴다. 이때 책에서 억지로 근거를 짜내 토론하다 보면 본질과 동떨어진 주장으로 토론하는 현상이 발생한다.

이처럼 기형적인 토론은 안 하느니만 못하다. 토론하는 이유는 논리력과 비판적 사고력을 함양하기 위함이다. 책을 매개로 확장된 사유를 펼치기는커녕 책에 갇혀 오히려 사고가 제한된다면 토론의 본래 취지에도 맞지 않게 된다. 제대로 된 토론을 위해서는 굳이 책에 갇힐 필요가 없다고 생각한다.

나는 어느 한쪽으로 치우치지 않게 세상을 이해하려고 노력하면서 자신에 대한 성찰을 게을리하지 않는 인간이 되는 것이 인문 교육의 궁극적인 목표라고 생각한다. 고전 독서토론은 그러한 목표 달성에 최적의 방법이었다. 학생들이 고전을 직접 이해하고 향유할 줄 알게 하는 것이 수업의 목표였고 그러한 목표가 이루어진 것처럼 보일 때마다 보람을 느꼈다. "고전 텍스트를 읽음을 통해서 우리가 간신히 희망할 수 있는 것은, 텍스트를 읽을 줄 아는 사람이 되는 것이다. 그리고 삶과 세계는 텍스트이다." 김영민 교수의 말이다. 우리가 사는 세상을 잘 알기 위해서, 우리는 인간과 세상을 이해하려고 고전으로 독서토론을 하는 것이다.

이 책은 3개의 파트로 이루어져 있다.

해설은 기본적인 독해에 관한 부분이다. 책을 이해하기 위한 방편으로 거칠게나마 핵심을 논제에 맞게 간추렸다.

독서 질문은 책 내용을 이해하기 위한 질문들을 예시로 제시한 것이다. 예시로 든 것이므로 이외에도 코치들이 다양한 질문을 만들어 수업하면 된다. 그래서 각 도서당 10개 정도씩 만들어 보았다.

다음은 토론할 때 필요한 쟁점과 팁을 나름대로 정리해 보았다. 이 책을 토의로만 활용할 때는 해설과 독서 질문을 중심으로 참고하면 좋을 것이다.

처음 토론수업을 시작할 때 수업을 염려하던 나에게 선배가 "걱정 마, 학생들이 다 알아서 할 거야."라는 말을 한 적이 있다. 나는 동의할 수 없다. 토론을 지도하는 코치가 광범위한 독서와 공부가 되어 있지 않으면 결코 좋은 토론수업을 이끌 수 없다. 토론이 핵심에서 벗어나지 않거나 말장난으로 그치지 않도록 안내하고 강평을 제대로 해주는 것이 코치의 임무다. 어느 부분을 잘했는지, 어디를 보충하면 좋을지 자세히 알려줘야 한다.

독서토론은 코치의 임무와 영향력이 다른 어떤 과목보다 크다고 할 수 있다. 토론코치가 되려는 사람은 역사, 정치, 사회, 문화, 철학 가릴 것 없이 전방위적으로 공부해야 한다. 독서토론 수업에 임하는 코치들의 마음은 같을 것이다. 학생들의 독해력과 표현력을 끌어올리는 것이다. 이 책이 그러한 과정에서 조금이나마 길잡이가 되었으면 한다.

이 책에 수록된 도서들은 내용이나 분량에 있어서 내가 생각하기에 쉬운 순서부터 어려운 순서로 배열되어 있다. 그러나 그건 어디까지나 내 개인적인 의견일 뿐이다. 그러므로 순서는 중요하지 않다. 그때그때 코치의 판단에 따라 취사선택하면 된다. 대략 한 책당 3주에 걸쳐 진행하여 총 1년 분량의 내용으로 기획하였다.

첫 주는 독서 질문을 통해 책 내용을 이해하고, 둘째 주는 팀을 나눠 찬반 토론을 위한 입론서를 작성하고, 마지막 주는 형식을 갖춰 디베이트를 하는 방식으로 구상된 것이다.

디베이트 형식은 다양하게 활용하면 재미있게 수업할 수 있다. 디베이트 형식마다 장단점이 있고 책 내용에 따라 형식이 달라질 수 있기 때문이다. 나는 주로 퍼블릭 포럼 디베이트 형식을 이용했다.

초보자를 대상으로 수업했기 때문에 내용 이해에도 벅차서 다른 형식을 도입할 엄두가 나지 않았었다. 그래서 다양한 방식으로 수업했더라면 하는 아쉬움이 늘 남아 있다.

토론을 위한 충분한 여건이 마련되지 않은 열악한 환경에서도 나를 믿고 잘 따라준 학생들에게 늘 고마운 마음이다. 또한 토론수업을 위해 학교나 도서관에서 마련해 준 수업시수가 필요한 만큼 넉넉하지 않았을 때 오히려 내게 미안해하시던 선생님들께도 이 자리를 빌려 고마운 말씀을 드린다.

특히 비전고의 유재영 선생님께 고마운 말씀 드린다. 일선에서 지원해 주시는 선생님들이나 관계자분들 덕분에 부족하나마 토론수업이 점점 확산되고 있기 때문이다.

아울러 책의 소멸을 염려해야 할 정도로 책이 우리 주변에서 사라지고 있는 이 시대에 용감하게도(?) 부족한 원고를 읽고 출판을 결심해 주신 출판사 대표님께 머리 숙여 진심으로 감사드린다. 만약 독서토론이 더욱 활성화된다면 대표님 같은 분들의 노고가 가장 칭송받아야 한다고 생각한다.

마지막으로 항상 지지해 주고 격려해 준 사랑하는 가족들에게 감사와 애정을 보낸다.

2023년 10월 30일

오성주

차례

> "
> 눈에 보이는 것이
> 보이지 않는 것보다
> 중요하다
> "

『어린 왕자』

앙트완 드 생텍쥐페리

01

『어린 왕자』는 전 세계 수많은 독자에게 사랑받는 대표적인 고전이다. 돌아가신 법정 스님께서도 가장 인상 깊게 읽은 책이라고 소개하신 바 있다. 세계에서 성서 다음으로 많이 읽혔다는 책으로 우리나라에도 수십 종에 달하는 번역본이 있다. 많은 사람들이 기억하는 '중요한 것은 눈에 보이지 않아. 마음으로 보아야만 해'라는 구절의 출처가 바로 『어린 왕자』이다.

어른을 위한 동화라는 작가의 말처럼 이 책은 2차 세계대전 한 가운데 있는 프랑스 국민을 위로하기 위해 쓴 책이다. 인간이 이성의 힘으로 쌓아 올린 문명을 다시 이성의 이름으로 파괴하는 일이 다름 아닌 전쟁이다. 비행기 조종사였던 작가의 눈에 비친 세상은 어린이의 모습을 잃어버린 어른들의 아귀다툼일 뿐이다. 비행기 조종사라는 관점은 지구를 하늘에서 조망할 수 있는 특권을 갖는다. 칼 세이건이 『코스모스』에서 말한 바 있는 '창백하고 아름다운 초록별'을 바라보는 관점 같은 것이다.

휘발유가 바닥나고 있었지만 우리는 매번 황금빛 미끼*를 물었다. 그것은 진짜 관제등 불빛이자 비행장, 생명 같았다. 하지만 우리는 곧 별을 바꾸어야만 했다. 우리는 우주 한복판에서 도무지 가늠할 수 없는 100개의 행성들 가운데 길을 잃고 떠도는 듯했다. 하나뿐인 진정한 우리의 행성, 익숙한 풍경과 친구들의 집, 애틋함을 품고 있는 그 유일한 행성을 찾아 헤매는 것 같았다. (…) 이리하여 우리는 실험실 도구를 통해서 보듯 비행기의 작은 창을 통해 인간을 바라보며 우주 단위에서 인간을 평가하게 되었다. 이렇게 우리는 우리의 역사를 다시 읽게 된 것이다.
–『인간의 대지』

그 시점에서 보면 전쟁이란 돈, 브릿지 게임, 골프 등 눈에 보

---

* 황금빛 미끼란 착륙지점을 나타내는 관제탑 빛처럼 보이는 빛을 의미한다.

이는 것을 쫓는 한심한 어른들이 일으킨 질병 같은 것이다. 이는 눈에 보이지 않지만 진정으로 소중한 것들 예를 들면, 오랜 시간을 들인 헝겊 인형을 아끼는 마음, 정성을 들였기 때문에 세상에서 단 하나가 된 나만의 장미꽃, 참을성 있게 기다린 끝에 도달한 우정들을 복원하면 사라질 수 있는 것일지도 모른다. 인간은 인류라는 공동의 연대 속에서 같은 곳을 바라보는 친구들이기 때문이다.

『어린 왕자』에서 '어른'은 부정적인 뉘앙스를 가진 낱말이다. 어른들은 새로 사귄 친구의 목소리나 좋아하는 것이 무엇인지를 묻는 게 아니라 나이, 형제 수, 아버지의 수입 따위를 묻는다. 어른들은 창가에 제라늄 화분이 있고 비둘기들이 놀고 있는 붉은 벽돌집을 묘사하는 대신, 10만 프랑짜리 집이라고 소개해야 감탄한다. 소행성을 발표하는 터키인이 민속 복장을 하고 발표했을 때는 믿지 않다가 양복을 입고 발표했을 때 비로소 믿기 시작하는 편견 어린 족속들이다.

그래서 어린이들이 어른들을 이해해야만 한다. 한때 자신이 어린이였다는 사실을 잊고 살아가는 어른들이 가엾기 때문이고 인생에서 정작 중요한 것들을 놓치고 있기 때문이다.

화자는 어른이지만 여느 어른들과 달리 코끼리를 삼킨 보아뱀 그림을 그리며 화가를 꿈꿨던, 눈에 보이지 않는 것의 소중함을 기억하고 있는 사람이다.

적당히 꿈과 현실의 타협점을 찾아 비행기 조종사가 된 그는 어느 날, 사막 한 가운데서 비행기 고장으로 불시착하게 된다. 생사기로의 절체절명의 순간에 그는 우연히 지구에 여행 온 어린 왕자를 만난다. 어린 왕자도 우연히 조우한 장미꽃과 작별하고 여행하다가 마지막으로 지구에 왔다. 어린 왕자는 장미꽃과의 관계에 실패해서 달아났다. 그들의 말은 자꾸 어긋났었다.

"저는 해와 동시에 태어났거든요⋯⋯" 어린 왕자는 그녀가 크게 겸손하지 않다는 사실을 충분히 짐작했지만, 그러나 그녀는 얼마나 감동적인가!

"지금쯤이면, 제 생각엔 … 아침 식사 시간 같은데…" 그녀는 곧 덧붙였다. "저를 위해 친절을 베풀어 주실 수 있으실지⋯⋯" 어린 왕자는, 완전히 당황해서, 신선한 물이 담긴 물뿌리개를 찾아, 꽃을 대접했다. 그처럼 그녀는 오래지 않아 다소 민감한 허영심으로 그를 들볶았다.

예를 들어 하루는, 그녀의 4개의 가시에 대해 말하는 가운데 어린 왕자에게 말했다. "그들이 올 거예요. 발톱을 세운 호랑이들이요!"

"내 별에는 호랑이들이 없어요.." 어린 왕자가 반박했다. "그리고 호랑이들은 풀을 먹지 않아요." "나는 풀이 아니에요." 꽃이 천천히 대답했다. "미안해요……"

어린 왕자가 지구에 도착하기 전에 들렀던 6개의 별에는 한결같이 이상한 어른들이 살고 있었다. 자신의 권위에 복종하기를 바라는 왕, 인정 욕구에 목마른 허영심 많은 사람, 수치심을 잊기 위해 늘 술을 마시는 술꾼, 숫자놀음에 빠진 사업가, 앉아서 휴식할 시간도 없이 일하면서 왜 그 일을 하는지조차 모르는 가로등지기, 탐험가의 말을 듣고 중요한 것을 기록한다면서 인생에서 정말 중요한 것이 무엇인지 생각하지 않는 지리학자 등이다.

어린 왕자는 우리에게 소중한 것은 강, 산, 바다처럼 변하지 않는 것이 아니라 사람, 사랑, 우정처럼 일시적이고 소멸해 가는 것들이라고 생각한다. 이들의 공통점은 지나치게 자기중심적이어서 타인을 받아들일 마음의 공간이 없는 사람들이라는 점이다. 뭔가에 홀린 듯 열심히 사는 것 같지만 정작 인생에서 가장 중요한, 타인과의 관계에 집중하지 않거나 관계에 실패한 사람들이다. 문제는 지구라는 행성에는 이런 어른들이 약 20억 명이나 살고 있다는 사실이다.

그러니 전쟁이 일어날 수밖에...

여우는 4시에 어린 왕자와 만날 약속을 하면 3시부터 설렐 거라며 어린 왕자가 자기를 길들이면 삶이 축제와 같을 거라고 말한다. 지리한 삶을 견디고 다시 살아갈 힘을 얻는 건 타인에 대한 사랑에서 나온다는 의미이다. 맞는 말이다. 내가 타인을 환대하고 타인에게 내가 환대받는 경험이야말로 평범한 삶을 반짝이게 하는 빛나는 순간이다. 언젠가 소멸할 운명인 인간의 유한한 삶은 타자와의 관계 속에서 새 생명을 얻는다. 그래서 인생에서 가장 가치있고 중요한 것은 타자와 관계를 잘 맺는 일이다. 그러기 위해서는 오랜 시간에 걸쳐 서로를 길들이면서 참을성 있게 기다리는 것이 필요하다.

어린 왕자 역시 자신의 장미꽃과의 관계에 실패한 이유가 참을성이 부족했기 때문이었다. 서로의 말에 상처를 받아 서둘러 이별한 어린 왕자는 여행을 하면서 뒤늦게 장미꽃과의 사랑이 소중하다는 사실을 알게 된다.

"사실 나는 어떤 것도 이해하지 못했던 거야! 나는 말이 아니라 행동으로 그녀를 판단해야만 했는데. 그녀는 나를 향기롭게 하고 빛나게 했어. 나는 결코 그녀로부터 달아나지 말았어야 해. 나는 그녀의 가여운 속임수 뒤에 숨어 있는 다정함을 꿰뚫어 봤어야 했어. 꽃들은 그렇게 모순적이야! 그러나 나는 그녀를 사랑하는 법을 알기엔 너무 어려웠어."

어린 왕자는 진심으로 꽃을 사랑했지만 꽃이 하는 말 때문에 사랑을 의심하게 된다. 꽃이 아무렇게나 한 말을 너무 심각하게 받아들여 불행해진 것이다. 그러므로 길들이기, 참을성 있게 기다려 주기, 책임지기, 말을 보지 않고 행동을 보기 등은 타자를 받아들일 때 필요한 덕목들이다. 이렇게 길들여지면 비록 그 때문에 울게 될 염려가 있지만 상대방이 내 마음속에 영원히 살아 있게 된다. 어린 왕자에 길들여진 화자의 가슴 속에서 어린 왕자가 빛나는 별처럼 살아있듯이.

『어린 왕자』는 동화의 형식을 취하고 있어서 읽기 쉬운 것처럼 보이지만 곱씹어 음미할 문장이 많아 술술 넘어가는 책은 아니다. 아름답고 시적인 문장도 많다. 무엇보다도 인생에서 가장 필요하고 중요한 것에 대한 우리의 편견을 깨고 관계의 중요성에 주목하게 하는 점이 이 책을 지속해서 찾게 하는 점이다.

『어린 왕자』에서 어른은 눈에 보이는 것을 쫓기 때문에 관계의 중요성을 잊고 살거나 타인을 자신을 위한 도구로만 생각하는 사람들이다. 이들은 자기 삶의 대부분의 시간을 외모를 가꾸거나 소유에 집착하면서 흘려보낸다. 화자가 화가라는 꿈을 포기회고 비행사라는 직업을 선택한 이유도 이러한 세태를 거스를 수 없었기 때문이다. 이들은 삶의 이면을 보지 못하거나 보지 않으려 한다. 그래서 어른들은 자신이 옳다고 믿는 것을 고집하려는 경향이 있다. 눈에 보이는 것에 집착하기 때문이다.

어린 왕자가 양을 그려달라고 했을 때 화자는 자신이 생각하는 양을 그려 준다. 그러나 어린 왕자는 마음에 들어 하지 않는다. 어린 왕자가 자신이 그려 준 그림을 마음에 들어 하지 않자, 화자는 아무렇게나 상자 하나를 그려 주면서 양이 그 안에 있다고 말한다. 그런데 놀랍게도 그제야 어린 왕자는 양이 들어 있다는 상자 그림을 마음에 들어 한다. 마치 코끼리를 삼킨 보아뱀 그림을 한 눈에 알아봤던 것처럼 눈에 보이지 않는 양을 본 것이다. 이는 서로의 생각이 충돌했을 때 자기 생각을 고집하기보다 상대방의 생각과 소통할 수 있는 공간을 마련하는 자세가 필요하다는 점을 암시하는 것으로 보인다.

서로의 주장을 잠시 멈추고 유보하는 것, 이것이 나와 다른 문법 체계를 가진 타인과의 소통을 위한 첫걸음이 아닐까? 『어린 왕자』를 통해서 우리가 자칫 잊고 있거나 놓치고 있는 것들에 대해 다시 한번 주목하는 계기가 되었으면 좋겠다.

◇◇ 독서 질문

· 책에서는 어른이 되면서 우리가 잃어가는 것들이 인생에서 가장 본질적인 것이라고 말한다. 어떤 것들이 있을까?

· 어른들은 왜 보아뱀 그림을 모자라고 생각할까?

· 화자가 그려 준 상자가 의미하는 바가 무엇이라고 생각하는가?

· 사막이 은유하는 것은 무엇일까?

· 어린 왕자가 장미꽃과 이별한 이유가 무엇이었을까?

· 여우의 생각에 동의하는가? 이유는 무엇인가?

· 6개의 행성에 사는 어른들의 특징을 이야기해 보자. 바람직한 어른의 모습은 어떠해야 한다고 생각하는가?

· 길들인 것에 책임이 있다는 말의 의미는 무엇이라고 생각하는가?

· 서로를 길들이기, 참을성 있게 기다려 주기, 책임지기, 말을 보지 않고 행동을 보기 등이 좋은 관계에 필요하다면 관계를 해치는 것에는 어떤 것들이 있을까?

· 눈에 보이는 것들에는 어떤 것들이 있을까?

· 눈에 보이지 않는 것들에는 어떤 것들이 있을까?

◇◇◇ 토론코칭

『어린 왕자』의 독서토론을 위해서는 마음에 남는 문장을 중심으로 생각을 다양하게 나누는 것이 좋다. 좋은 문장들의 여운을 오래 간직할수록 독서토론의 본래 목적인 면밀한 고전 독서의 묘미를 살릴 수 있기 때문이다. 이 책을 토론하는 목표는 눈에 보이지 않는 것들의 가치를 이해하고 사물의 표면 너머를 생각해 보고자 함이다.

그러기 위해서 눈에 보이는 것과 눈에 보이지 않는 것에 대해 충분히 생각하는 시간을 갖는 것이 좋다. 마인드 맵이나 브레인 라이팅을 통해 눈에 보이는 것과 눈에 보이지 않는 것을 정리한 뒤 범주화하면 개념 정리가 된다. 그렇게 정리한 개념들을 나열하면 눈에 보이는 것은 돈, 집, 차, 외모 등의 물질적(감각적)인 요소들로 구성되고 눈에 보이지 않는 것은 꿈, 우정, 사랑, 내면 등의 정신적(초감각적)인 요소들로 구성된다.

따라서 쟁점은 우리의 삶에 물질적인 요소가 중요한가, 정신적인 요소가 중요한가가 된다. 물론 우리가 사는 세상은 물질과 정신으로 명확히 구별되지 않는다. 정신적이라고 여겨지는 영역도 물질의 영향을 받기 때문이다. 그러나 표층적으로는 낮과 밤처럼 구별되는 것도 사실이다. 그리고 인간의 삶은 육체와 정신 양자가 반드시 충족되어야 하므로 어느 한쪽만 중요하다고 말하기 어렵다.

토론을 통해 생각해 볼 점은 각각의 중요성을 인정하는 동시에, 인간이 동물과 달리 단순히 물질적인 요소의 충족만이 아닌 정신적인 충족도 필요로 하는 초월적인 존재라는 확인이 아닐까 싶다.

학생들과 토론을 해보면 '중요하다'는 용어가 자주 우선이다(선후관계)로 프레임이 바뀌곤 한다.『어린 왕자』토론에서는 어느 것이 먼저 발생했냐를 따지는 게 아니다. 어느 것이 더 중요한가에 초점을 맞추려는 것이다. 이것은 외모가 중요한가? 내면이 중요한가? 등의 선택을 의미한다. 눈에 드러나 보이는 일련의 가치들과 겉으로는 드러나지 않지만 간과하기 쉬운 것들을 비교해 보고 우리가 평소 놓치기 쉬운 것들에 좀 더 주목해 보자는데 토론의 의의가 있다. 그러다 보면 자연스럽게 과정과 결과의 중요성도 함께 다루어질 수 있다.

대체로 과정은 노력, 시간이라는 비물질적 요소로 구성되고 결과는 눈에 보이는 물질적 성취나 성공으로 드러나기 때문이다.

"결과는 과정을 포함하지만 과정은 결과를 포함할 수 없습니다."

찬성 측 입장의 학생이 한 말이다. 이것 또한 토론이 확장되면서 생기는 효과다. 코치는 학생들이 자유롭게 생각을 펼칠 수 있도록 장려하면서 논제의 핵심을 벗어나지 않게 유도하는 것이 필요하다.

주의할 점은 책이 주장하는 바가 영혼과 관련된 정신적인 것에 치우쳐져 있기 때문에 학생들이 찬성 쪽에 불리한 논제라고 생각해서 토론 자체가 불공정하다고 느낀다는 점이다. 이때 코치의 역할은 책이 지향하는 바는 그대로 인정하되 어떤 입장도 그 자체로 유불리를 따질 수 없을 만큼 복잡하다는 점을 설명하는 것이다. 토론은 입장에 맞게 나름의 논리를 펼치는 훈련을 하는 사고실험이라고 안내하는 거다.

인간 사회나 현실은 어느 한 가지 척도로 재단할 수 없는 복잡다단한 양상을 띠고 있다. 토론의 주목적은 그러한 다양한 모습들을 고려하고 각기 다른 주장을 하는 타인의 말을 최대한 열린 마음으로 경청하는 태도를 배우는 과정이라고 할 수 있다. 토론을 통해서 논리적 사고력과 비판적 사고력을 기르는 것, 나와 다른 생각과 의견을 가진 다양한 시민들이 모인 민주사회에서 타인을 받아들이는 합리적 관용의 자세를 배우는 것이야말로 토론의 최종 목적이다. 학생들은 상대방 주장의 논리적 구조를 파악하고 논리의 허점을 발견하는 훈련을 해야 한다. 그래서 토론하다 보면 예상과 달리 불리해 보이는 입장의 논리가 설득력을 얻기도 한다. 이것이 바로 논리의 힘이라고 생각한다. 논리에 맞지 않는 섣부른 주장을 가려내고 자신의 이성 능력으로 생각하는 힘을 기르는 것이다.

『어린 왕자』 토론처럼 물질과 정신, 표면과 이면 토론뿐만 아니라 거의 모든 토론이 이념과 현실의 대립, 이상과 실제의 대립처럼 이원론적 대립으로 귀결된다. 원칙과 이상이 한편에 있고 다른 한편에 그 이상이 여러 이유로 굴절되는 현실이 자리한다. 이러한 이데아와 현실의 이항 대립은 우리의 사고가 플라톤의 영향권 안에 있다는 사실을 깨닫게 한다. 실제로 그렇지 않은가? 꿈과 이상이, 우리가 추구할 가치가 한편에 있고 열심히 추구하지만 도달하지 못한 현실이 다른 한편에 놓여 있는 것이다.

그러므로 토론을 통해서 현실을 자각하고 이상을 향해 나아가도록 힘쓴다면 교육적 효과로서는 더할 나위가 없는 셈이다. 사르트르의 말처럼 인간은 미래를 위해 기투하는 존재이니까.

> "
> 그레고르에 대한
> 가족들의 결정은
> 정당하다
> "

『변신』

프란츠 카프카

02

카프카가 1912년에 발표한 『변신』은 존재의 유용성을 상실한 인간의 소외를 다룬 소설로 작가의 자전적인 내용이 담긴 작품이다. 카프카는 헝가리-오스트리아 제국의 유대인으로 1883년 체코 프라하에서 태어났다.

작품 내용만으로 보자면 이 작품은 어느 날, 불안한 잠에서 깬 주인공이 알 수 없는 이유로 갑자기 갑충으로 변신한 이야기이다. 인간이 해충으로 변한다는 설정이 몹시 비현실적이지만 육체와 정신의 비가역적인 훼손이라는 은유로 읽는다면, 이후 겪는 사건 사고는 우리가 일상에서 마주하는 매우 현실적인 일들과 심리묘사로 이루어져 있다. 그래서 더욱 생생하게 다가온다. 그렇지 않아도 우리는 일상에서 벌레 같은 놈, 돈벌레 같은 단어를 예사로 쓰기도 하니 말이다.

이 작품은 작가의 표현처럼 '얼어붙은 내면을 깨는 도끼' 같은 작품이라고 할 만하다. 좋은 작품에 대한 기준은 사람마다 다를 수 있다. 그러나 인간이 보편적으로 겪을 수 있는 어느 한 순간을 언어로 포착해 적나라하게 보여주어 우리로 하여금 각성하게 만드는 작품이 좋은 작품이라면 그런 의미에서 카프카의 『변신』은 매우 훌륭한 작품이라는 생각이 든다.

생계를 위해 보험회사에 취직했던 카프카는 산업현장에서 부상을 당해 노동력을 상실한 사람들을 조사할 기회가 많았다고 한다. 산업사회는 일할 능력이 없는 사람들을 가차 없이 용도폐기하는 비정한 사회다.

지금의 우리 사회도 마찬가지다. 초기 산업사회보다 많이 나아졌다고 하나 여전히 인간이 '존엄성'보다 '유용성'으로 판단되는 사회다. 『변신』에 나타난 문제의식은 가족의 생계를 도맡았던 청년이 하루아침에 실직 상태에 놓이고 그도 모자라 가족의 돌봄을 받아야 하는 처지가 되었을 때, 가족들이 어떻게 반응하는가이다. 그래서 이 소설을 읽다 보면 변신한 그레고르보다 변신 이후 그레고르를 대하는 잠자 가족의 변심과 변신이 눈에 들어온다.

먼저 누이동생 그레테의 변심이다. 초기에 그레고르에게 음식과 방 청소를 도와주던 그레테는 저런 동물이 오빠일 리가 없다며 오빠라면 자신 때문에 고통받는 가족들을 배려해서 스스로 집을 나갔을 거라고 말한다. 그러면서 오빠를 없애자고 한다. 천식으로 아픈 엄마를 대신해 유일하게 그레고르를 돌보던 동생이 뱉은 날카로운 말에 그레고르는 깊은 상처를 받는다.

자신이 그토록 자랑스러워했고 바이올린 음악원 진학까지 도우려 했던 동생이었다. 변신한 오빠를 불평 없이 돌보던 그 동생마저 경제적 위기 앞에서 등을 돌린 것이다. 실제로 오빠가 실직하고 나서 점점 가세가 기울었다. 하녀를 내보내고, 각자 일자리를 구하고, 집안 대대로 내려오는 값나가는 장신구마저 팔아야 할 만큼 절박한 형편이었다. 집을 팔고 더 작은 집으로 이사 가려고 했으나 그레고르를 옮기는 문제 때문에 그마저 여의치 않았다. 궁여지책으로 하숙을 쳤으나 그레고르 때문에(해충이므로) 집안의 청결을 문제 삼으며 손해배상까지 요구해 오는 상황이다. 벼랑 끝까지 내몰린 식구들의 어려움이 한계상황에 다다른 것이다.

그렇지만 가족마저 존재를 존재 그 자체로 받아들이지 못하고 이해관계에 따라 선택한다면 인간다움은 어디에서 찾겠는가?『변신』에서 두드러지는 것은 그레고르가 돈을 벌어 왔을 때와 실직했을 때의 가족의 변화이다. 그렇게 본다면 가족의 변심이 초래한, 가족이 아닌 괴물로의 변신이『변신』의 주제 의식이라고 볼 수 있다.

"내쫓아야 해요!" 여동생이 소리쳤다. "그렇게 하는 수밖에 없어요, 아버지. 저것이 오빠라는 생각을 버리셔야 해요. 우리가 그토록 오랫동안 그렇게 믿어왔다는 것 자체가 바로 우리의 진짜 불행이에요. 도대체 저것이 어떻게 오빠일 수 있겠어요? 저것이 정말 오빠라면 우리가 자기와 같은 짐승과는 살 수 없다는 것쯤은 벌써 알아차리고 제 발로 나가주었을 거예요. 그러면 우리는 계속 살아가면서, 오빠는 비록 잃어버렸을망정 오빠에 대한 기억은 소중히 간직할 수 있을 텐데 말이에요.

그런데 저 짐승은 우리를 못살게 굴고, 하숙인들을 쫓아내고…… 나중엔 틀림없이 이 집 전체를 독차지하고서 결국 우리를 길거리에서 잠을 자는 신세가 되도록 만들 거예요. 저것 좀 보세요, 아버지."

하숙생들이 그레테의 바이올린 연주를 듣는 둥 마는 둥 잡담을 나누는 대목과 비교할 때 그레고르가 바이올린 소리에 감동해서 방문을 넘는 대목은 대단히 인간적이고 이 소설에서 가장 의미심장한 부분이다. 남들의 눈에 벌레처럼 보이는 그레고르야말로 인간다움을 잃지 않는 유일한 존재이기 때문이다. "음악이 나를 이렇게 감동시키는데 어떻게 내가 짐승이란 말인가?"라는 그의 탄식은 그래서 더욱 우리의 가슴을 먹먹하게 한다. 음악은 우리에게 인간다움이 외면에서 나오는 것이 아니라 내면의 충일성에서 나온다는 것을 알려주는 상징이다.

그레고르는 그날 가족들에 의해 방에 감금된다. 결국 그는 절망감에 빠져 숨이 끊어진다. 그는 그의 방을 치우다 엄마가 기절하던 날, 아빠가 화나서 던진 사과를 등에 맞아 서서히 죽어가던 참이었다. 갑충으로 바뀐 그의 등에 꽂힌 사과는 돌이킬 수 없는 치명상이 되었고, 그는 가족 중 누구에게도 돌봄을 받지 못한다. 돈을 벌어다 주었을 때 그는 가족이었지만 돈을 못 버는 데다 간병까지 필요한 그는 가족에게 짐이었다. 그의 방은 점점 쓸데없는 짐을 넣어두는 창고로 변신한다. 그레고르의 방이 주인을 따라 창고로 변신하는 것도 눈여겨볼 대목이다. 방 한가운데에서 쓸쓸히 숨을 거두는 그의 모습을 카프카는 예수의 죽음을 암시하는 장면으로 묘사한다.

예수는 오후 3시에 십자가에 달려 죽었다. 그레고르는 '밝아오는' 새벽 3시에 죽는다. 3월 말의 새벽 3시는 밝아오는 시각이 아니다. 작가의 의도가 다분하다. 십자가에 달린 예수가 고개를 떨구는 순간 운명했듯이, 그도 고개를 아래로 떨구면서 예수처럼 '죄없이' 죽는다.

그가 방 안에 들어서기가 무섭게 문이 화다닥 닫히더니 빗장이 철컥 잠겼다. 문이 폐쇄된 것이다. 뒤에서 난 갑작스러운 소리에 그레고르는 깜짝 놀라 다리가 뚝뚝 꺾였다.(…) 그녀(여동생)는 자물통에 꽂힌 열쇠를 돌리며 부모를 향해 외쳤다. "됐어요!"
'그럼 이젠 어쩐다?' 그레고르는 스스로에게 물어보며 어둠 속에서 주위를 둘러보았다. 그리고 곧 자신이 이젠 전혀 움직일 수 없다는 것을 깨달았다. 그것이 이상하게 여겨지지는 않았다. 오히려 자신이 지금까지 이렇게 가는 다리로 돌아다닐 수 있었다는 것이 신기하게 여겨졌다. 게다가 기분도 비교적 괜찮은 편이었다. 온몸에 통증이 느껴지기는 했지만, 차차 약해져서 마침내는 완전히 사라져버릴 것만 같았다. 등에 박혀

썩어버린 사과와 그 주변의 염증 부위가 솜털 같은 먼지로 온통
뒤덮여 있었는데, 이미 그런 것들도 거의 느껴지지 않았다. 그는
가족들에 대해 감동과 사랑의 마음으로 돌이켜 생각해보았다.
그가 사라져야 한다는 생각은 아마 여동생보다 그 자신이 더욱
단호할 것이다. 탑시계가 새벽 세시를 칠 때까지 그는 이렇게
공허하고도 평화로운 생각에 빠져 있었다. 창밖의 세상이 훤하게
밝아오는 것까지는 아직 알 수 있었다. 그러고는 그의 고개가
자신도 모르게 아래로 푹 떨어졌고, 콧구멍에서는 마지막 숨이
힘없이 흘러나왔다.

　다음 날 그레고르의 죽음을 알게 된 가족들의 반응이 압권이
다. 그들은 우선 하느님께 감사의 기도를 드린다. 그리고 방으
로 들어가서 무언가 상의를 마치고 나온 가족들은(약간 운 것처럼
보인다.) 이제까지의 굴종적인 자세가 아닌 당당한 태도로 하숙
생들에게 집에서 나가라고 명령한다. 돈 때문에 그들에게 굽신
거렸으나 그럴 필요가 없어진 지금 하루아침에 태도를 바꾼 것
이다. 그리고 각자 결근계를 작성하고 야외로 소풍을 간다. 이
들의 눈에 이제 막 피어오르기 시작한 아름다운 딸에게서 희망
찬 앞날이 보인다.

그레고르의 죽음으로 가족들은 새로운 희망에 부푼다. 그레고르의 가족들은 이해관계에 따라 안면을 바꾸는 우리들의 부끄러운 민낯을 보여준다. 감추고 싶은 우리의 자화상이다.

우리는 알게 모르게 이해관계를 따진다. 심지어 가족조차도 그렇다. 그러나 만약 그 사람이 나라면, 내가 어느 날 갑자기 횡액을 당해 불운한 처지에 처한다면 사람들이, 특히 사랑하는 가족들이 어떻게 해주기를 바랄까? 아마 대부분 조건 없는 환대를 바랄 것이다. 그래서 남이 나에게 하지 않았으면 하는 것을 남에게 하지 말라고 공자님도 말씀하셨다. 기소불욕 물시어인(己所不欲勿施於人)!

이 책은 인간이 인간다움을 갖추기 위해서는 어떻게 생각하고 행동해야 하는지에 대해 질문한다. 죽는 순간까지 가족들에 대한 염려와 사랑을 놓지 않았던 그레고르의 모습과 가족들에게 짐이 되는 그레고르를 냉대하는 가족들의 모습을 비교하면서.

또한 소설의 첫머리를 장식한 그레고르의 손상된 육체와 소설의 말미에 등장하는 그레테의 건강한 육체의 대조는 인간 삶에서 육체가 지닌 가능성과 한계를 처절하게 보여준다. 실로 인간을 지속해서 괴롭히는 것 중에 육체만 한 게 있을까? 육체는 정신을 담는 그릇이지만 단지 그릇에 그치지 않고 정신을 굴복시키는 폭군이기도 하다. 육체 안에 갇혀있는 한 인간은 육체의 지배에서 자유롭지 못하다. 그레테의 신체도 그런 면에서 위태롭고 불안하다는 점을 보여주는 것이 아닐까?

◇◇ 독서 질문

· 그레고르는 어느 날 아침 잠에서 깨어나 자신의 변신을 알게 된다. 이때 변신이 상징하는 것이 무엇일까?

· 그레고르의 변신 후에도 여전히 그레고르 자신을 포함해서 가족들이 이전과 같은 존재로 인식하는 이유는 무엇일까?

· 왜 그레고르는 가족들의 말을 이해하는데 가족들은 그레고르의 말을 알아듣지 못했을까?

· 호의적이었던 여동생이 그레고르를 간병하다 돌변한 이유가 무엇이라고 생각하는가?

· 자신의 방을 치울 때 그레고르가 액자를 감싸 안은 이유가 무엇일까?

· 아버지는 왜 그레고르에게 사과를 던졌을까?

· 그레고르가 여동생의 바이올린 연주 소리에 문밖으로 나온 이유는 무엇일까?

· 경제적 위기에 몰린 가족들이 그레고르를 없애기로 결정한 것은 정당할까?

· 그레고르의 죽음에 안도하고 감사하는 가족들의 모습에 대해 어떻게 생각하는가?

· 내가 만약 그레고르의 가족이라면 어떻게 했을까?

◇◇◇ 토론 코칭

『변신』의 주제 의식은 '인간다움'의 의미를 생각하는 데 있다. 가족들은 그레고르의 실직이 장기화되고 회생 가능성이 없다고 판단되자 그를 없애버리기로 결심한다.

논제는 그레고르를 없애기로 한 가족들의 결정이 정당한가이다. 따라서 쟁점은 가족의 의미, 역할 등에서 현실적인 입장과 이상적인 입장이 부딪히면서 형성된다. 아무리 경제적인 위기에 몰렸더라도 그럴 때일수록 가족 간의 사랑으로 어려움을 헤쳐 나가려고 노력해야 한다는 입장과 현실적으로 생계의 위협이 임계점에 다다른 가족의 결정을 함부로 비난할 수 없다는 입장이 충돌한다.

가족이라면 조건 없이 서로를 돌보아야 한다는 점에 대부분 동의하지만 경제적 위기를 고려하면 가족의 결정이 불가피하다는 점에 수긍이 가는 것도 사실이다. 그레고르조차 마지막 순간까지 가족에 대한 사랑과 책임감에 스스로 사라져야 한다고 생각했던 점도 찬성 측 입장에 힘이 실리는 면이 있다.

또한 벌레로 변한 그레고르를 인간으로 볼지도 쟁점이다. 외형이 변했고 소통이 안 되니 인간으로 볼 수 없다는 입장과 음악을 향유하고 감정을 느끼니 인간으로 봐야 한다는 입장이 대립한다. 토론을 통해서 나라면 어떻게 했을까를 생각해 보는 것만으로도 우리가 인간다움에 대해 좀 더 숙고할 수 있으리라고 생각한다.

그레고르의 죽음에 대해 자살이냐 타살이냐를 놓고 의견이 많이 나뉜다. 나는 개인적으로 자살은 오독(誤讀)의 소산이라고 생각한다. 그레고르는 아버지가 던진 사과를 맞아 치명상을 입었다. 그러므로 등에 박혀 썩어버린 사과와 주변의 염증이 악화해서 죽었다고 보는 게 합리적이다. 갑충의 딱딱한 겉면은 노출된 뼈대이다. 이 부분에 상처를 입으면 죽게 된다. 그레고르는 적절한 돌봄을 받지 못했다. 마지막 숨을 내쉬는 순간 통증을 거의 느끼지 못했다는 표현도 줄곧 통증을 안고 살았다는 뜻이다.

그레고르의 죽음과 죄없이 돌아가신 예수의 죽음을 오버랩시킨 것도 같은 효과가 있다. 그레고르가 가족들의 분노로 죄없이 희생된 것을 강조한 것이 아닐까? 그렇게 보면 타살로 이해하는 것이 훨씬 타당하다고 생각된다. 고전은 종종 신탁에 비유되곤 한다. 그만큼 다양하게 해석된다는 뜻이다. 그래서 고전이다. 인간의 보편적인 측면을 아우르려면 추상이나 상징으로 표현되기 마련이다. 그러나 해석을 다양하게 하는 것과 명백하게 오독을 하는 것은 구분되어야 한다고 생각한다. 텍스트를 면밀하게 살펴서 작가의 의도에 충실하게 이해하려고 노력하는 것이 바람직하다.

우리 사회에서도 같은 문제가 늘 대두된다. 아픈 가족을 없애야만 할 정도로 위급한가? 위급하다고 아픈 가족을 없애는 것이 정당한가? 매체에서 심심찮게 보도될 때마다 갑론을박이 벌어지지만 그때뿐이고 이내 잊힌다. 고전으로 미리 생각해 본다는 것은 예방주사를 맞는 효과가 있다. 인간다움에 대해 성찰하고 숙고하는 것은 그 자체로 중력을 거스르는 작용이다. 이기적인 인간의 본성에 위배되는 행동이기 때문이다. 그러므로 반복적으로 생각해야만 한다. 처음에는 억지로 나중에는 순일하게, 단단한 근육이 생길 때까지.

이 토론은 주장과 쟁점이 선명하고 학생들이 인용할 수 있는 사례가 많아서 매우 격렬한 토론이 이루어지기도 한다. 분량도 많지 않아 부담도 적은 편이다. 학생들은 안락사나 존엄사의 문제를 생각하기도 한다. 물론 쉽게 결론 내릴 수 있는 문제는 아니다. 처한 상황이 다르기 때문이다. 그러나 우리가 인간인 이상 무엇이 더 나은가에 대해 숙고하는 시간은 필요하다. 생각하는 대로 살지 않으면 사는 대로 생각하게 되기 때문이다.

> " 이반 일리치의 삶은
> 성공한 인생이다 "

『이반 일리치의 죽음』

레프 톨스토이

03

『이반 일리치의 죽음』은 세계적인 대문호 톨스토이가 말년에 삶과 죽음에 대한 개인적인 성찰을 녹아 낸 중편소설이다.

죽음에 다다른 남자가 삶을 되돌아보며 인생의 궁극적인 의미를 묻는다는 내용이다. 인생을 잘 산다는 것은 무엇일까에 대한 톨스토이의 답변이다. 톨스토이가 제시한 해답에 전적으로 동의하기는 어려워도 삶의 의미가 죽음에 직면했을 때라야 비로소 드러나는 것이라는 점에 대부분 공감할 것이다. 죽음이라는 절대적 허무 앞에서 삶을 조망해야만 진정 가치 있는 것이 무엇인지 드러나기 때문이다. 그래야 유한한 인생에서 정말 추구해야 할 본질적인 것에 집중할 수 있다.

우리도 톨스토이의 질문을 따라가 보면 인생에서 놓쳐서는 안 될 진정 중요한 것들에 집중할 수 있을지 모른다. '메멘토 모리'를 생각하면서 읽으면 좋은 작품이다.

이반은 똑똑하고, 유쾌하고, 선량하고, 사교적이며, 책임감 있고 청렴결백한 사람이다. 열심히 노력해서 좋은 지위와 높은 연봉을 받았고 성실하고 공평무사한 일 처리로 주변의 신망이 두터운 사람이다. 잠시 우여곡절이 있었으나 이내 영전해서 이전의 명성과 연봉을 회복하기도 했다. 사교계에서 만난 적당한 조건의 배우자랑 결혼해 신혼의 행복도 누린다. 결혼 생활에 만족하지 못하는 아내의 등쌀을 피해 일에서 즐거움을 찾으며 나름의 성과도 얻는다. 화목해 보이는 가정, 잘 키운 자녀까지 정말이지 남부러울 것 없는 인생이었다. 그야말로 인간이 삶에서 누릴 수 있는 다양한 복락을 누리며 살았다. 순탄하고 나무랄 데 없는 인생이자 세칭 성공한 인생이다.

이반은 남들이 말하는 성공의 기준에 맞춰 열심히 살면서 순간순간 쾌락과 즐거움을 누렸다. 승진했을 때, 연봉이 올랐을 때, 좁은 집을 벗어나 더 넓고 좋은 집으로 이사했을 때, 가족들을 놀래주려고 열심히 가구들을 사 모으고 집 단장을 할 때, 새집에 들어 온 가족들이 탄성을 지르며 좋아할 때 보람과 행복을 느끼며 즐거워했다. 그러나 그뿐이었다. 고만고만한 골동품, 그렇고 그런 물건들이 품위를 높여주는 것 같지만 남들에게 보이기 위한 것일 뿐 영원한 즐거움을 주지는 못했다. 사교 모임, 카드 게임 등도 잠시의 오락은 될지언정 영원한 즐거움은 아니었다.

깊이 있게 생각할 기회가 없어 대체로 만족하며 살던 어느 날, 이반은 집 단장 하느라 사다리를 타고 올라갔다 떨어져 옆구리를 다친다. 별일 아니라고 넘겼는데 통증이 악화되면서 서서히 죽어간다. 죽음 앞에서 문득 이반은 자기 삶이 거짓으로 점철되어 있었다는 사실을 깨닫는다. 상류계층의 삶의 방식을 자기 삶의 기준으로 삼고 살아온 시간이 죽음이라는 허무 앞에서는 한 줌의 가치나 의미가 없다는 점을 알게 된 것이다.

필멸의 존재인 인간은 예외 없이 죽는다. 하지만 타인의 부고를 들었을 때 자신이 아니라는 사실에 안도할 뿐, 자신도 그럴 운명이라는 사실을 잊는다. 그래서 대부분의 인간은 막상 자신의 죽음 앞에서 죽음을 인정하지 못한다. 이반도 마찬가지였다. 자신이 죽는다는 생각을 도저히 받아들일 수 없었다. 그는 죽음을 똑바로 보면서 죽음 앞에서는 어떠한 보호막도 소용이 없다는 사실을 절감하고 말로 다 할 수 없는 고통을 느낀다. 통증이 심해지고 죽음이 목전에 가까울수록 극심한 외로움과 절망감에 압도된다. 그런 까닭에 마치 자신들은 절대 죽지 않을 것처럼 행동하는 가족들에게 분노한다. 그러면서 한때 자신도 그렇게 생각하고 행동했다는 사실 또한 깨닫는다.

이반은 죽음의 불가피성 앞에서 그동안 공들여 이뤄왔던 것들이 모두 사라질 때, 유일하게 남는 것이 사랑과 헌신이라는 사실을 뒤늦게 깨닫는다. 모든 것을 체념한 그는 자신이 그토록 증오했던 주변인들을 용서하고 편안하게 고통 없이 죽는다. "용서해 줘"라는 말을 남긴 채... (잘못 발음하여 "보내줘"라고 발화된다.)

이반은 투병 기간 주변 사람들이 그가 다시 좋아질 거라고 거짓말하거나 자신에게는 관심이 없으면서 말로만 근심하는 척하는 것을 위선이라고 생각한다. 그는 죽음이 다가오지 않을 것처럼 행동하는 것이 얼마나 어리석은 일인지 안다. 오직 하인 게라심만이 어차피 누구나 죽는다면서 죽어 가는 사람을 돌보는 것이 무슨 대수냐며 싫은 기색 없이 이반을 정성껏 간호해

준다. 이반은 자신이 겪는 외로움에 공감해 주는 게라심의 헌신적인 태도에 깊은 위로를 받는다. 또한 단말마의 극심한 통증으로 사경을 헤맬 때 자신의 손에 키스하는 아들의 입술을 느끼는 순간, 마음 깊은 곳에서 기쁨이 차오르는 것을 경험한다. 그 순간 그토록 견디기 힘들었던 통증도, 죽음에 대한 두려움도 사라진다.

　이반은 일생동안 열심히 추구했던 모든 것이 허상이었다는 것, 임종의 순간에 느낀 사랑과 헌신의 마음만이 유일하게 가치 있는 것이라고 생각한다. 삶의 마지막 순간에 이르러서야 알게 되는 진실에 이반은 좌절한다.

　톨스토이는 그런 앎을 우리가 살아있는 동안에 얻길 바란다. 이반의 깨달음을 동일하게 느낄 수는 없어도 적어도 죽음 앞에서도 사라지지 않는 삶의 가치가 무엇인지, 진정한 성공의 의미가 무엇인지 살아 있는 동안에 한 번쯤 생각해 볼 일이다.

　"그래, 모든 것이 잘못되었던 거야. 하지만 상관없어. 올바른 것을 하면 되는 거니까. 그런데 '올바른 것'이 대체 뭐지?" 그는 스스로에게 이렇게 묻고 나서 갑자기 입을 다물었다.

　이 일은 사흘째 되는 날이 끝나갈 무렵, 그가 눈을 감기 한 시간 전에 일어났다. 바로 그때 김나지움에 다니는 아들이 아버지

방에 가만히 들어와 침대로 다가갔다. 죽어가는 이는 그때까지도 남은 힘을 다해 비명을 지르며 두 손을 휘저었다. 그러다 그의 손이 아들의 머리에 부딪쳤다. 아들이 그 손을 잡아 자기 입술에 대고는 울음을 터뜨렸다.

그 순간 이반 일리치는 구멍 속으로 떨어지면서 한 줄기 빛을 보았다. 그리고 비록 자신의 삶이 완전하지 못했다 해도 아직은 바로 잡을 수 있다는 걸 알았다. 그는 스스로에게 물었다. '올바른 것은 무엇인가?' 그리고 침묵하며 귀를 기울였다.

바로 그때 누군가 그의 손에 입을 맞추는 것이 느껴졌다. 그는 눈을 뜨고 아들을 바라보았다. 아들의 모습이 안쓰러웠다. 아내가 그의 곁에 다가왔다. 그는 아내에게로 눈길을 돌렸다. 아내는 입을 벌린 채 코와 뺨으로 흐르는 눈물을 미처 닦을 생각도 못하고 절망적인 표정으로 남편을 바라보았다. 이반 일리치는 아내도 안쓰러웠다.

◇◇ 독서 질문

· 이반의 부고를 접한 친구들의 반응은 무엇이었나?

· 이반이 생각한 성공의 의미는 무엇이었나?

· 이반은 주변 사람들에게 좋은 평판을 받았다. 이것은 성공한 삶인가?

· 전체적으로 보아 이반의 삶은 성공한 삶이었을까? 이유는 무엇인가?
  성공한 삶이 아니라면 이유는 무엇일까?

· 이반은 죽음 앞에서 태도가 어떻게 바뀌어 갔는가?

· 게라심의 죽음과 삶에 대한 태도에 동의하는가?

· 이반이 마지막 순간에 깨달은 것이 무엇이었다고 생각하는가?

· "메멘토 모리" 즉 살아있는 동안에 죽음을 생각해야 하는 이유가
  무엇이라고 생각하는가?

· 나의 삶에서 가치 있다고 생각하는 것은 무엇인가?

· 나의 장례식은 어떻게 치러졌으면 좋겠는가?

◇◇◇ 토론 코칭

이 토론의 목표는 우리가 흔히 말하는 성공의 의미를 숙고해 보고 삶에 대한 태도를 고찰해 보는 데 있다.

이반의 삶을 성공한 인생이라고 논제를 정했을 때, 쟁점은 무엇을 성공으로 정의하는가 즉 성공의 의미가 될 것이다. 찬반 토론을 하려면 용어 정의를 명확히 하는 것이 중요하다. 성공의 의미는 사람마다 다르다. 가족 간의 화목과 인간관계의 성취를 성공으로 생각하는 사람이 있고, 타인이나 공동체에 대한 봉사를 성공으로 정의하는 사람도 있고, 돈과 권력의 성취를 성공으로 생각하는 사람도 있을 테다. 여기서는 찬반 토론이므로 이반의 삶을 전반적으로 성공한 사람으로 보는 찬성 입장과 이반이 인간관계에 실패해서 인생의 의미나 보람을 찾지 못했다는 반대 입장으로 나누어 생각해 볼 수 있겠다.

성공한 삶이라고 주장하는 입장에서는 이반의 지위, 연봉 등의 높은 성취와 평소 이반에 대한 세간의 평판, 임종 시 아들과의 화해와 용서 등을 기준으로 성공이라고 주장할 수 있다.

반대하는 입장에서는 이반의 삶이 남의 기준에 맞춰진 허울 좋은 껍데기였다거나 위선적인 인간관계, 이반이 죽음 앞에서 자신의 삶을 뒤돌아보며 후회했다는 점을 들 수 있다.

찬반 양쪽이 주장할 수 있는 논거가 비교적 선명하고 각 주장이 설득력이 있다는 점에서 우열을 가리기 힘들다. 특히 임종 장면에서 극적인 용서와 화해를 했던 점이 가장 큰 논란거리다. 마지막 순간이라 할지라도 인생의 참 의미를 깨달았으면 성공한 것일까? 후회가 남는 깨달음이라면 성공이라고 할 수 없는 것일까? 토론자들의 논리 대결이 기대되는 토론이다. 토론 후 자기 생각의 변화를 함께 나누면 좋을 듯하다.

인간의 삶의 의미는 사람에게 있는 게 아니라 사람과 사람 사이(人間)에 있다. 그러므로 짧고 덧없는 삶을 후회 없이 살기 위해서 서로에 대한 헌신과 진심 어린 마음을 나누는 것이 중요하다. 그래서 많이 소유한 사람보다 추억이 많은 사람이 부자라고들 한다. 빈손으로 태어나 수의 한 벌 걸치고 가는 인생행로에서 남는 것은 만남과 기억뿐이다. 이반의 삶에 대해 토론하면서 우리가 진정 가치를 두어야 하는 것이 무엇인지 기억하는 것, 죽음 앞에서도 빛이 바래지 않는 것이 무엇인지 살펴볼 기회를 가진다면 좋을 것이다.

◇ 해설

    조지 오웰은 1945년 8월에 『동물농장』을 출간하면서 "내 저서 가운데 정말 고심해서 쓴 유일한 책"이라고 했다. 『동물농장』은 권력의 본질과 속성을 세밀하게 그려낸 수작이다.

    이 작품은 익히 알려진 것처럼 스탈린의 소련을 풍자한 소설이다. 모두가 평등하게 잘 사는 유토피아를 위해 세상을 뒤흔들었던 러시아 혁명(볼세비키 혁명)이 서서히 변질돼 1인 독재로 가는 과정을 우화로 그려내고 있다. 실명이 등장하지 않지만 이 소설을 읽다 보면 레닌, 트로츠키, 스탈린의 이름이 떠오르는 경험을 하게 된다. 실제로 일어난 일을 모티브로 했기 때문이다. 이 소설에서는 권력의 본질과 속성에 대한 분석, 어떻게 해야 권력의 타락을 예방할 수 있는지에 대한 통찰을 얻게 된다.

존즈씨네 '장원농장'의 동물들은 오랫동안 인간의 억압과 착취에 신음했다. 동물들은 끔찍한 노동에 시달렸고 생산물은 모두 존즈의 손아귀에 들어갔다. 이에 메이저 영감은 인간들의 학대와 착취에 맞서서 동물들의 연대와 혁명을 주창했다. 그의 유언에 고무된 동물들이 비밀리에 회의를 시작했고 스노우볼, 나폴레옹, 스퀼러 등이 주동이 되어 '동물주의'라는 사상체계를 확립했다.

굶주림을 견디지 못한 암소가 사료 창고 문을 부순 일을 계기로 반란이 시작된다. 치열한 전투 끝에 마침내 인간들은 물러난다. 동물들은 앞으로는 그 누구도 동물들 위에 군림하면서 다른 동물들을 억압하지 않아야 한다는 것에 합의한다. '모든 동물은 평등하다.' 동물주의의 핵심 어젠다이다. 동물들은 어떤 동물도 존즈씨네 농가에 살지 않을 것도 합의한다. 그들은 생애 처음으로 자발적으로 일하면서 행복감을 맛본다. 생산량도 존즈가 있을 때보다 훨씬 많아져 이전보다 풍족해진다. 스노우볼이 장원농장을 동물농장으로 개명하고 '동물주의'의 칠계명 원칙을 선포하면서 혁명이 마침내 완성된다.

동물농장의 운영과 조직은 글을 아는 돼지들이 담당했다. 돼지들은 자신들이 두뇌 노동자로서 중요한 일을 한다는 명분으로 수확물을 독점하기 시작했다. 그래도 나름 잘 굴러가는 것처럼 보이던 동물농장에 균열이 생긴 건 스노우볼과 나폴레옹이 풍차 건설 문제로 첨예하게 대립하면서부터다.

스노우볼이 회합에서 풍차 건설 건을 통과시키려고 하자 나폴레옹의 개들이 스노우볼을 동물농장에서 쫓아내 버린 것이다. 동물들이 한결같이 겁에 질려 망연자실할 때 나폴레옹은 연단에 올라 동물들의 회합과 토론회를 폐지하고, 자신이 의장인 특별 위원회를 신설하여 모든 사안을 결정하겠다고 선언한다.

나폴레옹의 서슬에 동물들이 감히 반대의견을 내지 못하는 사이 스퀼러가 나서서 나폴레옹을 지도자로, 스노우볼을 죄인으로 선언하고 충성과 복종을 강요한다. 그날 이후 일요일 오전 10시 동물들은 창고에 모여 회합과 토론 대신 그 주일의 명령을 지시받는다. 독재의 시작이었다.

스퀼러는 스노우볼이 존즈의 첩자였다며 스노우볼의 행적을 왜곡하는 한편 나폴레옹의 업적은 과대 포장한다. 본격적으로 나폴레옹을 우상화하는 작업이 진행된다. 나폴레옹이 동물들의 결의를 어기고 인간과 거래를 하는 것, 관리 감독의 명목으로 존즈의 농가를 차지하는 것, 침대를 사용하는 것 등이 동물들이 보는 앞에서 버젓이 행해진다. 스퀼러의 선전 선동에 설득된 동물들은 어쩔 수 없이 바라보기만 한다. 존즈 시절로 돌아가고 싶지 않았기 때문이다. 칠계명도 수정되면서 점점 복잡해진다. 그러나 글을 읽을 줄 아는 동물들마저 바뀐 칠계명에 의문을 품기보다 자신의 기억력을 의심한다. 복서는 죽는 순간까지 나폴레옹이 옳다고 믿는다.

한껏 유토피아를 기대했던 동물농장의 동물들은 다시금 추위와 빈곤에 시달리기 시작한다. 참다못한 암탉들이 항의하다 무자비하게 처형되고 반란 미수 사건과 간첩 사건이 끊임없이 일어난다. 동물농장은 존즈의 장원농장 때보다 더한 피비린내가 난다. 동물은 다른 동물을 죽이지 않는다는 계명도 유명무실해진다. 동물 공화국의 동물들은 속마음을 터놓지 못하고 사나운 개들의 감시 아래 동료들이 잔인하게 처형되는 것을 지켜보아야만 하는 처지가 된다.

단독 출마한 나폴레옹이 대통령으로 선출되고 동물 공화국이 선포된다. '모든 동물은 평등하다'는 계명은 '모든 동물은 평등하다. 그러나 어떤 동물은 다른 동물보다 더 평등하다.'로 바뀌 뒤였다. 혁명은 실패가 명백했다.

오늘 있었던 공포와 살육의 장면들은 늙은 메이저가 그들에게 반란을 사주했던 그날 밤 그들이 꿈꾸고 기대했던 일이 아니었다. 그녀의 머릿속에 담긴 미래의 그림이 있었다면 그것은 굶주림과 회초리에서 벗어난 동물들의 사회, 모든 동물이 평등하고 모두가 자기 능력에 따라 일하는 사회, 메이저의 연설이 있던 그날 밤 그녀가 오리새끼들을 보호해 주었듯 강자가 약자를 보호해 주는 그런 사회였다. 그런데 그 사회 대신 찾아온 것은, 아무도 자기 생각을 감히 꺼내놓지 못하고 사나운 개들이 으르렁거리며 돌아다니고 동물들이 무서운 죄를 자백한 다음 갈가리 찢겨죽는 꼴을 보아야 하는 사회였다. 왜 그렇게 된 건지 그녀로선 알 수 없었다.

인간이 경영하는 주변 농장들은 동물주의가 자신의 농장으로 전염될 것을 견제하고 두려워했으나 정작 동물농장의 동물들이 다른 농장의 동물들보다 더 많이 일하면서 더 적은 식량으로 견디는 현실을 견학하면서 노동문제가 여전히 해결되지 않고 있다는 사실에 안도한다. 그들은 동물농장의 동물들과 그들의 하층 계급의 유사성에 농담까지 하며 즐거워한다. 이에 들뜬 나폴레옹은 주변 농장주들에게 '동물농장'을 폐지하고 '장원농장'으로 다시 바꾼다고 공표한다. 그들은 나폴레옹의 선창에 맞춰 장원농장의 발전을 기원하는 건배를 한다.

그러나 화기애애한 분위기도 잠시, 나폴레옹과 필킹턴이 트럼프 놀이를 하다가 싸움이 터진다. 동물들은 창문 너머로 그들이 서로 드잡이를 하느라 어느 쪽이 인간이고 어느 쪽이 돼지인지 분간이 안 되는 장면을 목도하고 만다. 동물농장의 퇴장이다.

혁명 실패의 책임에서 과연 어느 쪽의 책임이 더 크다고 할 수 있을까. 권력이 반드시 부패할 운명이라면 우리가 할 수 있는 일이 과연 있을까. 이러한 문제의식이 『동물농장』에 담겨있다.

처음엔 메이저 영감의 유언에 따라 동물들은 토론을 통해 공적인 일에 함께 참여했었다. 그러나 차츰 돼지들에게 특권이 허락되면서 권력이 이동한다. 문제는 권력이 이동하면서 공익 가치가 훼손되고 사익이 추구됐다는 점이다. 권력의 독점과 사유화, 사익 추구가 동시에 일어난다. 권력을 독점하게 된 돼지들은 절대다수의 이익을 위해서가 아니라 자신들의 이익을 위해서 권력을 사용한다.

급기야 나폴레옹이 스노우볼을 숙청하면서 집단지도체제가 1인 지배체제로 바뀌면 권력은 지도자 우상화 작업, 정적 숙청,

반란 세력 처형의 과정을 밟는다. 가혹한 공포정치가 잇따르고 명령과 복종만 남는다. 문제를 제기하는 동물들이 더러 있지만 잔인한 폭력으로 제압당한다. 내부 불만을 잠재우기 위한 통계 조작과 문서 위조, 가상의 외부 적도 동원된다. 그렇게 되면 저항의 불씨는 꺼지고 동물들은 맹목적으로 복종하거나, 체념한다. 손에 채찍을 든 나폴레옹의 모습은 장원농장의 인간의 모습과 다를 바가 없다. 동물들이 의견을 낼 수 있는 공론장이 사라지고, 언론이 막힐 때, 스퀼러의 선전 선동만 남는다.

피지배층은 혁명의 실패에 어떤 책임이 있을까? 다양한 동물들로 이루어진 만큼 피지배층의 행동은 여러 가지 양상으로 드러난다. 냉소적인 지식인 벤자민은 굶주림, 고생, 실망이 변함없는 삶의 법칙이라며 지배층의 부정부패에 대해 침묵한다.

클로버는 존즈 시절의 장원농장으로 돌아가지 않기 위하여 있는 힘을 다한다. 미심쩍은 일들 앞에서 좌절하지만 이내 자신의 헌신으로 세상이 바뀔 거라고 믿으며 희망을 버리지 않는다. 우직하고 성실한 복서는 신념을 갖고 적극적으로 행동한다. '나폴레옹은 옳다'와 '내가 좀 더 일하면 된다'는 신념으로 누구보다도 지배층에 적극 협조한다. 그러나 안타깝게도 그의 협력은 동물들의 복지와 무관하다. 그는 정권에 이용만 당하고 버려진다. 양들은 동물들의 불평이 폭발할 때마다 '네 다리는 좋고 두 다리는 나쁘다!'는 합창으로 입막음을 시도한다. 그들은 그런 식으로 정권에 맹종한다. 다른 동물들도 스퀼러의 선동에 설득 되어 존즈 시절의 자신들은 노예였고 지금은 주인이라고 착각 한다.

그리하여 그들은 나폴레옹이 지시한 '자주적 시위 행진'에서 노래와 행진, 축포 등에 동원되면서도 희망을 버리지 않는다. 혁명 1세대는 서서히 다음 세대로 교체된다.

그러나 동물들은 희망을 버리지 않았다. 더구나 그들 각자는 동물농장의 명예로운 일원이라는 생각을 단 한순간도 버린 적이 없었다. 영국땅 전체를 통틀어 동물들이 소유하고 동물들이 운영하는 농장은 아직도 그들의 그 동물농장 하나뿐이었다. 어린 새끼들은 물론 10마일 혹은 20마일 밖의 다른 농장에서 들여온 신참 동물들까지도 포함해서, 모든 동물들은 자기네 농장이 단 하나뿐인 농장이라는 사실에 거듭거듭 놀라지 않을 수 없었다. 총(예포)이 발사되고 녹색 깃발이 게양대 끝에 펄럭이는 걸 보고 있노라면 그들의 가슴은 한없는 긍지로 가득 차오르고, 그러면 얘기는 언제나 그 옛날의 영웅 시대-존즈를 추방하고 일곱

계명을 만들고 큰 전투에서 인간 침략자들을 무찔렀던 그 옛날로 되돌아가곤 했다. 그들은 옛 꿈의 어느 하나도 버리지 않았다. 늙은 메이저가 예언했던 그 동물 공화국, 영국의 모든 푸른 들판에서 인간의 발길을 몰아낸 다음 세워질 그 동물 공화국의 꿈도 그들은 여전히 믿고 있었다. 언젠가 그 공화국의 날은 오리라-비록 당장은 아니라 하더라도, 어쩌면 지금 생존해 있는 동물들의 살아생전에 오지 않을지는 몰라도, 그래도 그날은 오고 있었다.

◇◇ 독서 질문

- 독재자의 이름이 나폴레옹인 이유는 무엇일까?
- 동물주의의 본질은 무엇이라고 생각하는가?
- 동물농장의 이름이 장원농장으로 다시 바뀐다는 것은 어떤 의미일까?
- 시간이 지나면서 칠계명의 조항이 추가되고 예외가 많아지는 이유가 무엇일까?
- 나폴레옹의 권력을 유지하는 힘은 어디에서 비롯되는가? 그 힘은 정당한가?
- 어느 쪽이 돼지이고 어느 쪽이 인간인지 분간할 수 없다는 말은 무슨 뜻일까?
- 혁명 전과 비교해서 동물들의 생활은 전혀 나아지지 않았는데도 동물들이 희망을 버리지 못한 이유가 무엇일까?
- 권력은 반드시 부패하는가?
- 혁명은 실패했는가? 실패했다면 그 이유가 무엇일까?
- 권력을 감시할 수 있는 기관에는 어떤 것들이 있을까?

◇◇◇ 토론 코칭

『동물농장』의 논제는 혁명 실패의 책임이 누구에게 있는가를 살펴보고 어떻게 해야 권력의 횡포를 막을 수 있는지 생각하기 위한 주제다. 그리하여 이 토론의 목표는 권력의 본질과 속성을 이해하고 민주 시민으로서의 자질을 함양하고자 함이다.

우선 동물들을 지배층과 피지배층으로 나누어 각각의 책임과 한계를 분석하는 것이 논제를 이해하는 데 도움이 된다. 권력을 잡은 돼지들이 지배층이 되고, 글을 읽고 쓸 줄 모르는 대다수 동물과 냉소적인 벤자민 등이 피지배층이 된다. 우선 혁명 실패의 책임은 전적으로 지배층에 있는 것처럼 보인다. 지배층의 부정부패와 은폐, 선전 선동과 통계 조작, 내부 불만을 잠재우기 위한 외부의 적 동원, 반란 주모자 처형 등을 포함한 공포정치, 축제 등을 동원한 우민화 정책 등 셀 수가 없다.

한편 피지배층은 모르거나, 알면서 모르는 척하는 태도로 인해 혁명 실패의 책임에서 자유롭지 못하다. 무엇보다도 정치를 외면하는 것이 가장 큰 잘못이다. 그 대가는 플라톤의 주장처럼

'나보다 못한 사람의 지배를 받는 것'이다. 따라서 동물들의 가장 큰 임무는 존즈씨를 추방할 때처럼 함께 연대하는 것이다. 물론 암탉들과 네 마리의 돼지들의 잔인한 처형으로 저항 정신이 위기에 처한 것은 사실이다. 그러나 그럴수록 서로 힘을 합쳐 부당한 권력의 횡포에 맞서야 한다. 그래야 어렵사리 성공한 혁명이 사익을 위해 쓰이는 것을 막을 수 있다.

각자의 위치에서 자신의 역할을 통해 권력의 남용을 막는 일도 중요하다. 권력을 감시할 수 있는 시스템도 마련해야 한다. 권력이 공공의 이익에 봉사할 수 있도록 견제하고 감시하는 체제만이 권력의 부패를 막을 수 있기 때문이다. 권력자의 선의에 의존한 권력은 권력자가 바뀌면 항상 최악의 권력이 될 위험에 노출된다. 이때 필요한 것이 언론의 역할이다. 언론의 본령은 권력을 감시하는 것이다.

쟁점은 권력의 사유화에 따른 감시와 견제 여부, 동물들의 저항이나 연대 여부에서 생긴다.

이 토론은 지배층의 책임이라고 주장하는 입장과 피지배층의 책임이라고 주장하는 입장이 한 치 양보 없이 팽팽히 맞설 만큼 책 속의 근거와 역사적 사례가 풍부하다. 학생들이 열심히 토론하는 만큼 사유가 확장되고 교양이 늘어나면 미래 권력에 대한 견제와 감시는 염려하지 않아도 되는 걸까?

　결국 궁극적으로 공동체의 성패는 공동체를 구성하는 개개인의 비판적 사고와 교양의 정도에 달려있기 때문이다.

"
국가가 사상을
검열하고 통제하는
일은 가능하다
"

『발자크와 바느질하는 중국 소녀』*

다이 시지에

05

* 위 작품은 고전에 속하지는 않지만 고전을 다룬 소설이라는 점, 학생들에게 교육적인
논제로 제시될 수 있는 점, 인간의 자유를 다룬 실화라는 점을 고려해서 선정했음.

◇ **해설**

　2000년 발표된 이 소설은 다이 시지에의 자전적 소설이다. 1954년 중국 푸잔에서 태어난 다이 시지에는 문화대혁명 기간인 1971년부터 1974년까지 부르주아 지식인으로 분류돼 사상 재교육을 받은 바 있다.

　문화대혁명은 인민 민주 독재를 확고히 하기 위해 마오쩌둥의 지시 아래 이루어진 사상정화 운동을 말한다. 일종의 공산주의 교육 운동으로서 공산혁명 이론에 방해가 되거나 반대되는 사상, 책, 인물에 대한 대대적인 탄압이 이루어졌다. 금서 지정, 반혁명 세력 숙청, 수용소 감금, 사상재교육 등에 대한 조처가 이루어졌던 시기이다. 작가도 소설의 두 주인공처럼 두메산골에 배치돼서 정신 교육을 받았었다.

인간의 자유로운 정신과 영혼을 통제하려는 움직임은 언제나 있었다. 진시황의 분서갱유가 있었고 히틀러의 금서목록과 대대적인 소각이 있었으며 성서를 포함한 종교 서적을 도서관에서 없앤 소련이 있었다. 동서고금을 막론하고 모든 나쁜 권력은 자신의 입맛에 맞게 인간을 개조하고 싶어 한 셈이다.

1966년부터 마오쩌둥이 사망한 1976년까지 중국에서 일어난 문화대혁명은 그야말로 광기와 야만의 시대였다. 책에서도 묘사되듯이 라틴어 성서를 소지했다는 이유로 체포된 목사가 날마다 8시간씩 거리를 청소하는 벌에 처해지고, 서양 문학을 번역한 푸 레이가 인민의 적이 되고, 금서에 대한 불평을 입에 올리는 것만으로도 몇 년간 감옥에서 썩을 수 있는 중죄가 되는 시대였다. 거리엔 온통 마오 초상화나 노동자 초상화와 혁명 구호만 걸리고, 마오 어록, 공산당원들의 저서, 순수한 학술서를 제외한 모든 책이 금서였다. 학교에서 공업과 농업을 제외한 과목은 폐지됐고 모든 대학에 휴교령이 내려졌으며 지식인으로 분류된 사람들은 인민 재판을 받거나 처형, 감금됐다.

어느 고장이든 코 하나 빠지지 않은 거대한 그물처럼 중국 전체를 뒤덮은 '프롤레타리아 독재'의 빈틈없는 감시망 속에 놓여 있었다.

소설은 사상교육을 받기 위해 산골에 보내진 뤄와 내가 바느질 처녀에게 발자크를 비롯한 서양 문학책을 읽어줬더니 지식인으로 분류되지 않았던, 그래서 당국이 방심했던 계층에 속하는 바느질 처녀가 계몽되어 자유로운 인간의 본성에 따라 새로운 삶을 찾아 도시로 떠난다는 내용이다. 결국 국가에 의한 사상의 검열과 통제가 불가능함을 말하는 내용이다.

그러나 단순하게 볼 수 없는 점이 있다. 대부분의 주민이 세뇌되어 서로 감시하고 고발하는 체제도 그렇고, 철저하게 세뇌되어 군대처럼 작동했던 홍위병도 그렇다. 이들은 사상의 통제로 길들여졌으며 다시 다른 사람의 사상을 통제하는 역할을 담당했기 때문에 국가가 사상을 통제하는 것이 가능하다는 증거가 된다. 과연 국가가 개인의 사상을 검열하고 통제하는 일은 가능할까? 함께 생각해 보자.

뤄는 18살, 나는 17살로 인구 1억 명의 쓰촨성의 성도(省都) 청두시 출신이다. 청두시는 인구 4백만의 도시로 티베트에서 가까운 곳이다. 나의 부모님은 호흡기 전문의와 기생충 전문의 였고, 뤄의 아버지는 장제스의 이빨을 치료한 적이 있을 정도로 중국 전역에 알려진 유명 인사였다. 덕분에 마오쩌둥의 이빨도 치료했던 뤄의 아버지가 마오 주석의 이빨이 의치라고 말했다 는 점과 '인간쓰레기' 장제스의 이름을 입에 올렸다는 죄목으로 공개처벌을 당한다. 존경해 마지않던 친구 뤄의 아버지가 억울 하게 공개 고문을 당하던 날, 나는 나도 모르게 눈물을 흘렸고 그 모습에 뤄는 느닷없이 내 뺨을 갈겼다. 1968년 여름의 일이 었다.

척결해야 할 부르주아의 자식들인 뤄와 나는 중학교만 겨우 마쳤을 뿐인데도 지식인으로 간주돼 1971년 초에 전기도 들어 오지 않고 시계나 바이올린을 구경한 적이 없는, 문명의 혜택이 라고는 일절 받은 적 없는 두메산골 마을 '하늘 긴꼬리닭' 산에 보내진다. 궁벽하고 외진 산골이라 남폿불에 의지해서 생활하 는 깡촌이었다. 약 20개의 마을이 촌락을 이루고 있고 이 고장 에 100여 명의 지식인들이 재교육을 위해 각 마을로 분산 수용 되었다. 뤄와 나는 가장 높은 산꼭대기 마을에 배정되었다. 둘 은 마을 공동 소유 오두막집에 기거하면서 농사에 필요한 똥지 게를 나르거나 석탄을 캐는 일을 해야 했다. 내가 가져간 바이올린이 마을 사람들에 의해 파괴되려 하자 뤄가 기지를 발휘해서 모차르트의 소나타를 연주하게 하여 가까스로 바이올린을 구한다. 명분은 '언제나 모차르트는 마오 주석을 생각한다'였다. 공산당은 음악도 혁명가 외에는 금지한다.

　잘못이 없는 노동자나 지식인 혁명 단원의 재교육은 2년 정도지만 '인민의 적'으로 분류된 뤄와 나는 평생을 산골에서 썩어야 할 수도 있다. 천만다행으로 뤄는 성대모사를 하거나 이야기를 잘하는 재능이 있었고 산골 주민들에게 영화 이야기를 종종 들려주었다.

　그러자 마을 촌장은 노역을 면제해 주는 대신 뤄에게 100킬로미터나 떨어진 근처 도시 용징에 가서 영화관람을 하고 돌아와 주민들에게 영화 이야기를 해주는 임무를 부여한다. 왕복 나흘이 넘게 걸리는 여정이었지만 그 임무는 둘에게 노역을 벗어나게 해줌과 동시에 근처에서 가장 예쁜, 재봉사의 딸 바느질 처녀와 인연을 맺는 징검다리 역할을 해준다.

　바느질 처녀가 그녀의 마을에 와서 영화 이야기를 해달라고 초대했을 때 마침 뤄는 말라리아에 걸려 사경을 헤매는 중이었다. 바느질 처녀는 뤄를 위해 무당을 불러 악귀를 쫓아내기 위한 밤샘을 시킨다. 내가 뤄 대신 영화 이야기를 해주자 감동적인 장면에서 잠에서 깬 뤄가 영화 대사를 읊었고 이에 감동한 바느질 처녀는 뤄에게 몰래 키스한다.

한편 옆 마을에 같은 청두 출신 친구 안경잡이도 와있었다. 지식인의 전형인 안경을 쓰고 있어서 안경잡이라고 불리는 이 친구는 아버지가 작가이고 어머니가 시인이다.

어느 날 뤄와 나는 안경잡이가 금서로 지정된 서양 문학책을 소지하고 있다는 사실을 알게 된다. 책을 읽어보고 싶은 욕망에 안경잡이의 짐을 대신 져주고 얻은 발자크의 『위르실 미루에』에 둘은 푹 빠지고 뤄는 특유의 장기를 살려 바느질 처녀에게 이 소설을 이야기해 준다. 나는 책을 돌려주기 전에 점퍼 안쪽에 소설의 문장들을 필사해 두었고, 그 점퍼를 뺏어 입은 바느질 처녀는 자신의 살갗에 닿은 발자크의 말들이 행복과 지성을 갖다줄 거라며 행복해한다.

바느질 처녀는 이제 그 전과는 다른 사람이 된다. 애국, 공산주의, 혁명, 이데올로기만 가득한 세계에서 인간의 욕망과 사랑, 열정의 세계, 자유로운 발언의 세계로 건너간 것이다.

그 얇은 책의 제목은 『위르셀 미루에』였다. 뤄는 '안경잡이'가

책을 준 그날 밤부터 그 책을 읽기 시작해서 새벽녘까지 모두 읽어 치웠다. 책을 다 읽은 그는 남폿불을 끄고는 나를 깨워 책을 내밀었다. 나는 밥도 먹지 않고 밤이 이슥하도록 사랑과 기적으로 가득한 프랑스 이야기에 푹 빠져, 다른 아무 일도 하지 않은 채 침대에서 보냈다. 아직 청춘의 혼돈상태에 빠져 있는 열아홉의 숫총각이 애국주의, 공산주의, 이데올로기와 정치운동에 관한 혁명적 장광설밖에 모른다고 생각해보라. 그런데 갑자기 그 작은 책은 침입자처럼 나에게 욕망과 열정과 충동과 사랑에 눈을 뜨라고 말하면서, 그때까지 고지식한 벙어리에 지나지 않던 내게 세상에서 벌어지는 온갖 것들에 대해 이야기하고 있었다.

안경잡이는 엄마의 인맥으로 사상교육을 졸업하고 지방 문학지 편집실에서 일할 기회를 잡는다. 현지 산골 주민들의 민요를 수집해서 문학지에 게재한다는 조건이었다. 이를 위해 명창으로 이름난 방앗간 노인을 찾아가지만 소득 없이 돌아오자, 뤄와 나는 안경잡이의 다른 책을 빌리는 조건으로 대신 나선다. 당원으로 위장한 뤄와 내가 방앗간 노인을 만나 무사히 18편이나 되는 민요 수집에 성공한다.

말해봐, 늙어 빠진 이가 두려워하는 것은 뭐지? 끓는 물, 끓는

물을 두려워하지.

그럼 젊은 비구니가 두려워하는 것은 뭐지? 늙다리 중을
두려워하지 오직 늙다리 중만.

그러나 안경잡이는 외설스럽다며 노래를 개사한다.

말해봐, 하찮은 부르주아들이 두려워하는 것은 뭐지?
프롤레타리아의 흥분한 물결.

나는 민요를 가져왔어도 자기 마음에 안 든다며 책을 빌려줄
수 없다는 안경잡이의 태도와 민중의 자연스럽고 순박한 민요
를 함부로 개사하는 '검열'의 태도에 분노해서 안경잡이의 얼굴
을 갈겨버린다. 안경잡이가 문학지 편집실에 취직하면 사상의
검열과 통제에 앞장설 것이 분명한 까닭이어서다. 이런 사람들
에 의해 금서와 블랙리스트가 만들어지는 법이다.

결국 민요 수집의 공로로 마을을 떠나는 안경잡이의 졸업 파
티 날, 바느질 처녀는 안경잡이의 책들을 훔치자고 제안한다.
우여곡절 끝에 책을 손에 넣은 나는 『장크리스토프』 등에 깊은
감명을 받고, 뭐는 책을 바느질 처녀에게 읽어 주어 계몽시킬

생각을 한다. 발자크, 위고, 뒤마, 루소, 디킨스, 톨스토이 등 금지된 서양 문학책이 제공하는 자유로운 정신과 인간성의 고양으로 인해 이들은 행복해진다.

뤄와 바느질 처녀는 금지된 자유연애 끝에 임신한다. 25살 이전의 결혼은 불법이라 뤄의 부재 동안 나는 낙태 수술을 할 의사를 물색하러 나선다. 용징의 한 의사에게 접근한 나는 그가 발자크를 좋아하는 문학 애호가라는 점을 이용해 발자크의 소설 『위르셀 미루에』와 가장 아끼는 『장크리스토프』를 선물하면서 바느질 처녀의 낙태를 부탁한다.

> 의사는 글을 읽으면서, 아니 그보다는 감정을 하듯 들여다보면서 담배를 꺼내 내게도 한 개비를 주었다. 그러곤 담배를 피우며 거기에 적힌 글을 모두 읽었다.
>
> "푸 레이 번역이군. 그분의 문체를 잘 알지. 그 역시 네 부친처럼 인민의 적이 됐지만."
>
> 그가 중얼거렸다. 의사의 말에 눈물이 주르르 흘러내렸다. 눈물을 억제하고 싶었지만 그럴 수가 없었다. 나는 어린애처럼 울음을 터뜨렸다. 그 눈물은 바느질 처녀 때문도, 내 임무가 완성된 것이 기뻐서 나온 눈물도 아니었다. 그건 내가 알지도 못하는 발자크

번역가를 향한 눈물이었다. 어쩌면 그 눈물은 한 지식인이 이 세상에서 받을 수 있는 가장 큰 경의, 가장 큰 감사의 표시가 아니었을까? 그 순간에 느낀 감정에는 나 자신도 깜짝 놀랐다. 그 감정이 그 뒤에 일어난 일련의 사건들보다 훨씬 더 강렬했다.

머나먼 서양의 어느 소설가가 창조한 세계가 시대를 넘어 중국의 어느 번역가의 손을 통해 재창조되었고 그것을 이해한 나와 생면부지의 의사의 친밀한 만남이 성사됐다는 어마어마한 사건 앞에서 나는 눈물을 흘릴 수밖에 없는 것이다.

인간의 자유로운 정신은 결코 혁명의 소용돌이에서도 손상되지 않는다는 확인, 제아무리 국가나 권력이 인간의 정신을 억압해도 결국 자유로운 인간 정신은 면면히 살아남으리라는 확신이 아니었을까? 나는 발각될 염려 때문에 소기의 목적을 달성한 위험한 책들을 소각한다.

한편 발자크 덕분에 여성의 아름다움이 비할 데 없이 값진 보물이라는 생각을 했다는 바느질 처녀는 새 삶을 찾아 대도시로 떠난다.

인간의 생각은 책을 통해 세상에 나온다. 책은 세상을 돌아다니면서 인간을 변화시킨다. 인간은 책을 만들고 책은 다시 인간을 만든다. 그러므로 책을 소각시키는 사람은 궁극적으로 책을 대하듯 인간을 대할 수밖에 없다. 권력이나 국가가 책을 어떻게 취급하느냐가 곧 인간을 어떻게 대하느냐의 문제가 되는 것이다.

이 소설은 인간의 사상에 대한 억압을 생각해 보고 어떻게 해야 그 고리에서 벗어날 수 있을지 우리에게 질문하고 있다.

◇◇ 독서 질문

· 나의 바이올린 연주를 감상한 산골 주민들의 얼굴에서 부드러운 미소가
  피어오르는 것을 어떻게 생각하는가? 그들은 정말로 모차르트의 곡을
  혁명가라고 생각했을까?

· 왜 뤄는 아버지의 공개 재판 때 눈물을 흘리던 나를 때렸을까?

· 뤄가 바느질 처녀를 처음 만난 날 아직 개화가 덜 됐다고 한 말의 의미는
  무엇일까?

· 안경잡이가 방앗간 노인의 민요를 개사한 이유가 무엇이라고
  생각하는가?

· 나는 왜 안경잡이의 뺨을 갈겼을까?

· 나의 푸 레이를 향한 눈물은 어떤 의미일까?

· 의사는 무엇 때문에 책 2권을 받고 불법이었던 낙태 수술을
  해주었을까?

· 바느질 처녀의 변화에 대해 어떻게 생각하는가?

· 여성에 대한 뤄의 생각에 동의하는가? 어떤 점이 문제라고 생각하는가?

· 국가가 사상을 검열하고 통제하는 일이 필요하다고 생각하는가?

· 국가가 사상을 검열하고 통제하는 것이 가능하다고 생각하는가?

◇◇◇ 토론 코칭

이 토론의 목표는 국가나 권력이 사상을 검열하고 통제하는 원리를 살펴서 경계하고자 하는 데 있다.

사상에 대한 통제는 문화대혁명 시기뿐 아니라 역사에서 셀 수 없을 만큼 유구한 내력을 갖고 있기 때문이다. 특히 문화 예술에 대한 검열은 기나긴 역사를 갖고 있다. 단기간에 걸쳐 제한된 지역에서는 통제가 비교적 성공적이었으나 장기간에 걸친 광범위한 지역에서는 불가능하다는 사실도 역사를 통해 검증된 바 있다. 따라서 언제든 반복될 수 있는 사태에 대해 미리 대비할 수 있도록 비판적 관점을 견지하도록 하려는 것이다.

논제에 맞추어 사상에 대한 검열과 통제가 가능한 원인을 찾자면 홍위병의 사례에서 볼 수 있는 것처럼 권력자의 지시와 부역자들의 복종에 따른 공고한 감시체계, 사상교육과 선전 선동을 통한 세뇌 작업, 공포정치를 통한 입막음, 간접적으로는 현대 정치에서 보듯 3S(Screen. Sex. Sports)를 비롯한 우민화 장치 등이 있다.

책에 나오듯이 사상을 통제하는 방법으로 인민의 적으로

낙인찍는 공개 재판, 촌장과 마을 청년들의 감시와 따돌림, 심신을 망가뜨리는 강제 노동, 금서 지정, 제한적이고 획일화된 교육, 부역자들에 대한 포상 등 다양한 방법이 동원된다.

한편 일시적으로 특정 시기에 국한된 지역에서는 가능하다 할지라도 종내에는 인간의 자유로운 본성으로 인해 막힌 둑이 터지고 만다는 점, 책에서 확인되듯 금서의 완전한 통제는 불가능하다는 점, 면면히 이어지는 인간의 기억이나 기록의 존재 등이 논의될 수 있다.

안경잡이의 책이 뤄와 나를 거쳐 바느질 처녀에게 읽히고 그중 일부가 의사에게 전달되는 과정을 보더라도 엄혹한 정치체제 하에서도 완전한 통제는 실상 불가능하다. 방앗간 노인의 존재도 인간의 기억의 한 예시다. 뤄와 나에게 전달된 민요의 순수함은 공기처럼 물처럼 스며들어서 언제까지고 생명력을 유지할 것이다.

호메로스의 『일리아드』나 『오디세이아』도 그렇게 구전으로 전해진 유산이다.

쟁점은 사상에 대한 완전한 통제가 가능한가이다. 인간은 자유로운 영혼을 본성으로 한다. 그래서 국가가 아무리 기를 쓰고 막아도 바느질 처녀는 금서의 수혜자가 되어 억압과 속박에서 벗어난 자신만의 삶을 살려고 한 것이다. 그녀가 설혹 침묵한다 하더라도 공산당의 획일적인 사상통제에 마음으로부터 동의하지는 못하리라. 당이 강요하는 전체주의에서 벗어나 자신의 고유성을 간직하려고 하는 한 그녀의 정신은 새처럼 높이 비상할 것이다.

이 소설을 쓴 다이 시지에도 기억 속에 간직하고 있다가 책의 형태로 세상에 내어놓았듯 인간은 불굴의 정신으로 통제에 저항해 왔다. 비록 마오쩌뚱이 죽어 끝났나 싶은 검열이 아직도 지속되고 있어서 자신이 본 영화가 가위질 때문에 러닝타임이 45분에 불과하더라는 쓸쓸한 이야기를 하고는 있지만...

이 토론을 통해 우리 주변에서 여전히 행해지고 있는 검열과 통제의 사례에 관해 이야기를 나누고 자유로운 인간의 본성에 대하여 한층 깊은 이해의 시간을 가졌으면 한다.

"

뫼르소에 대한
사형선고는
정당하다

"

『이방인』

알베르 카뮈

06

카뮈의 『이방인』은 알베르 카뮈라는 이름을 널리 알린 출세작이다. 롤랑 바르트는 『이방인』 출간을 '건전지의 발명'과 맞먹는 일이라고 했다. 건전지가 전자제품의 사용을 자유롭게 해준 것처럼 인간의 자유를 한 단계 상승시켰다는 의미인 듯하다.

1942년에 발표된 이 소설은 "오늘 어머니가 돌아가셨다. 어쩌면 어제인지도 모른다."는 충격적인 도입부로 시작한다. 내용도 양로원에 모셨던 어머니 장례식을 치른 뫼르소가 우연한 사건에 휘말려 아랍인을 살해하고 사형선고를 받는다는 꽤 충격적인 이야기다. 뫼르소라는 흔치 않은 이름(죽음이라는 뜻이 포함되어 있다. 자식의 이름에 죽음이라는 단어를 쓸 부모는 없을 테니까.)도 충격적이다.

뫼르소는 선박회사의 직원이다. 어느 날, 그는 3년 전에 양로원에 모셨던 어머니의 부고를 받는다. 그는 장례를 치르기 위해 사장에게 이틀 휴가를 받아 양로원으로 향한다.

도착하자마자 바로 어머니를 보려 했으나 수위가 원장을 먼저 만나라고 하는 바람에 볼 수 없었다. 그래서인지 정작 영안실에 도착했을 때, 수위가 관을 열어 어머니의 모습을 보겠느냐고 했을 때는 막상 거절한다. 밤을 새우고(뫼르소는 꾸벅꾸벅 존다.) 다음 날 장례식을 치른다. 이때 뫼르소가 엄마를 보고 싶어 하지 않았다는 점, 담배를 피웠다는 점, 잠을 자고 카페오레를 마셨다는 점, 어머니의 나이를 몰랐다는 점 등이 재판정에서 유죄의 근거로 활용된다.

이 근거에 재판정의 방청객 전체가 동요한다. 고인 앞에서는 평상시와 다르게 행동해야 한다는 것이 보통 사람들의 정서이기 때문이다. 차를 타고 멀리서 오느라 피곤해서 조는 것, 수위가 먼저 카페오레를 권했다는 것, 커피를 마셔서 담배 생각이 났다는 점은 고려되지 않는다. 하지 말았어야 한다는 것이 중론이다. 이처럼 별 상관이 없는 개별 사실이 엮이면 없던 의도가 발생한다.

뫼르소는 햇빛이 작열하는 길을 걸어 장례식을 치르고 집으로 돌아온다. 그는 무덤 앞에서 묵념하지 않았다. 이 또한 트집거리가 된다. 다음 날 아침 눈을 뜬 뫼르소는 그날이 토요일이라는 것을 깨닫는다. 갑자기 덤으로 주어진 시간에 무얼 할까 고민하다가 바다로 해수욕을 간다. 그곳에서 3년 전에 같이 근무했던 여직원 마리를 우연히 만나 함께 수영 하고, 저녁 먹고, 삼류 코미디 영화를 본다. 그날 저녁에 마리와 잠자리를 함께 한다. 이상이 목요일부터 일요일까지의 이야기다. 일상은 달라진 것이 없었고 뫼르소는 엄마의 죽음에도 불구하고 변한 건 없다고 생각한다.

뫼르소는 저녁을 준비하기 귀찮아서 우연히 같은 아파트에 사는 포주 레몽의 저녁 초대에 응한다. 그리고 그의 부탁으로 전 여친에게 보낼 편지를 대필해 준다. 덕분에 레몽은 전 여친에게 복수를 한다. 거기에 더해 뫼르소는 레몽의 경찰서행에 동행해서 그에게 유리한 증언도 해준다. 뫼르소가 고마운 레몽은 자기 친구 마송의 별장에 뫼르소와 마리를 초청한다. 별장에서 술을 곁들인 (뫼르소는 좀 많이 마신다. 이때가 11시 반이다.) 점심을 먹은 뫼르소와 레몽, 마송이 산책하러 나간다. 뫼르소 일행은 별장까지 따라온 레몽 여친의 오빠 일행과 마주치고 한바탕 싸움이 벌어진다. 레몽이 팔뚝에 부상을 입어 치료를 받으러 간다.

혼자 남은 뫼르소는 두려워서 우는 여자들에게 사건을 설명하느라 짜증스러워진다. 레몽이 치료를 받고 돌아와 (1시 반이다.–태양 빛이 점점 가열된다. 강렬한 태양은 불가항력과 인간 육체의 한계를 동시에 드러낸다.) 다시 산책하다가 또 아랍인들을 만난다.

뫼르소는 흥분한 레몽이 아랍인들에게 총을 쏠까 봐 그의 권총을 뺏어서 자신의 주머니에 넣어 둔다. 아랍인들이 도망치자 기분이 나아진 레몽과 함께 뫼르소는 별장으로 돌아오는데, 이때 레몽만 별장으로 들어가고 다시 돌아 나온 뫼르소는 용광로처럼 달궈진 해변을 홀로 걷는다. 뜨거운 태양 빛에 땀이 흘러 목이 마른 뫼르소가 우물 쪽으로 단 한 걸음 다가갔는데, 그때 우물 옆에 있던 오빠가 칼을 꺼낸다. 이는 이전에 있었던 일련의 사건들 때문에 고조된 숨 막히는 긴장 속에서 상대방에게 너무 위험한 행동이 된다. 칼에 찔리듯 시야가 가로막히는 순간 뫼르소는 주머니에 있던 권총을 꺼내 방아쇠를 당긴다. 한 방... 그리고 네 방을 더.

저 멀리 빛과 바다의 먼지가 만들어 내는 눈부신 후광에 둘러싸인 작고 어슴푸레한 바윗덩어리가 보였다. 나는 그 바위 뒤의 차가운 샘물을 생각했다. 나는 졸졸 흐르던 그 샘물 소리를 다시 듣고 싶었고, 태양과 수고로움과 여자들의 눈물로부터 벗어나고 싶었으며, 그리하여 마침내 그늘과 휴식을 되찾고 싶었다. 그러나 좀 더 가까이 다가갔을 때, 나는 레몽을 노렸던 그자가 다시 돌아와 있는 것을 보았다. 그는 혼자였다.(...) 나는 조금 놀랐다. 내게 있어서 그 일은 이미 끝난 것이었고, 그것에 관해 어떤 생각도 하지 않은 채 거기에 갔던 것이다.(...)

나도 알았다. 그것이 어리석은 짓임을, 한 걸음 더 옮겨봤자 태양으로부터 벗어날 수 없다는 것을. 그러나 나는 한 걸음을, 다만 한 걸음을 더 앞으로 나아갔던 것이다. 그러자 이번엔 아랍인이 몸을 일으키지는 않은 채 칼을 뽑아서 태양 안에 있는 내게 겨누었다. 빛이 강철 위에서 번쩍 반사되며 길쭉한 칼날이 되어 내 이마를 쑤시는 것 같았다. 동시에 눈썹에 맺혔던 땀이 한꺼번에 눈꺼풀 위로 흘려내려 미지근하고 두꺼운 막이 되어 눈두덩을 덮었다. 이 눈물과 소금의 장막에 가려 내 눈은 보이지 않게 되었다.(...)

온 하늘이 활짝 열리며 비 오듯 불을 뿜어 대는 것 같았다. 나는 온몸이 긴장했고, 손으로 권총을 힘 있게 그러쥐었다. 방아쇠가 당겨졌다. 나는 권총 손잡이의 매끈한 배를 느꼈다. 그리고 거기에서, 날카롭고 귀청이 터질 듯한 소음과 함께 그 모든 것이 시작되었다. 나는 내가 한낮의 균형을, 스스로 행복감을 느꼈던 해변의 그 예외적인 침묵을 깨뜨려 버렸다는 사실을 깨달았다.

소설은 우연이 중첩되어 일어난 사건들을 담담히 보여준다. 감정을 나타내는 단어가 쓰이지 않는 것이 그 근거다. 그러나 뫼르소가 상황에 따라 그때그때 했던 선택들이 모여 거대한 인과관계로 엮이자 의도적으로 아랍인을 잔인하게 살해한 것이 되고, 이는 다시 어머니 장례식장에서도 울지 않은 냉정한 패륜아가 저지른 고의적이고 끔찍한 살인사건이 되고 만다.

한 인간의 일상의 순간들이 제 삼자의 눈으로 재구성될 때 전혀 다른 목적을 가진 서사가 되어 버리는 것이 부조리(不條理)다. 기껏 논리적으로 연결했는데 원래의 진실에서 벗어난 비논리적인 기괴한 상황이 된 것이다. 변호사의 주장처럼 '모든 것이 사실인데 진실은 하나도 없는 상황'이다.

또한 재판에서 자신의 의도와 상관없이 운명이 결정되는 것도 카뮈가 말한 부조리다. 결국 뫼르소는 아랍인을 잔인하게 살해한 혐의로 사형선고를 받는다. 사형선고를 받고 1년간 감옥에서 세상을 바라보고 생각하는 뫼르소의 깨달음이 이 소설의 핵심 내용이다. 순진하고 무반성한 뫼르소가 죽음 앞에서 자기 삶의 고유성을 깨닫기 때문이다.

뫼르소는 신앙에 귀의할 것을 강요하는 감옥 부속 사제와의 면담에서 둑이 터지듯 자신의 이야기를 쏟아낸다. 죽음이라는 사태 앞에서 모든 인간의 삶은 무(無)로 변한다. 이 사실은 뫼르소가 아는 유일한 진실이다. 그는 신에게 귀의하라고 강요하는 사제의 신념이 여자 머리카락 한 올만큼의 가치도 없다고 말한다.

뫼르소는 자신의 인생을 그러한 가치에 순응하면서 보내고 싶지 않다. 세계의 가치가 따로 있는 게 아니다. 인간은 세계 속에서 살면서 세계와 자신의 존재 의미를 스스로 만들어 내야 한다. 뫼르소는 어떤 것은 선택했고 어떤 것은 선택하지 않았다.

이렇게 살든 저렇게 살든, 30에 죽든 70에 죽든 천차만별인 인간의 삶이 무로 변하는 건 똑같다. 그렇다고 해서 이러한 삶의 태도가 허무주의로 빠지는 것은 아니다. 왜냐하면 모든 인간이 특권을 가진 존재이기 때문이다.

뫼르소는 세상의 부드러운 무관심에 대해 생각한다. 우주는 좋은 사람에게나 나쁜 사람에게나 차별 없이 비를 내린다. 뫼르소도 오는 사람 막지 않고 가는 사람 붙잡지 않았다. 그는 인간의 운명에 무관심한 우주 속에서 인간이 혼자라는 점을 받아들이고 어떠한 초월적인 힘도 인정하지 않는다. 그는 무심한 자신이 세계와 형제처럼 닮았다고 생각한다. 그래서 자신이 옳다고 확신한다.

하루아침에 낯선 이 세상에 던져져 왜 태어났는지 모르고 살다가 영문도 모른 채 죽는 것이 인간의 삶이다. 자신의 운명이 자신의 의지와 무관하게 결정된다. 가장 확실한 것은 죽음뿐이다. 그런 까닭에 인간은 자기 삶의 의미를 묻는다. 뫼르소는 죽음 앞에서 삶의 의미를 묻는 순간 다시 살아 볼 마음이 생긴다. 우리 모두 뫼르소처럼 언젠가 죽을 운명인 사형수다. 그러므로 죽음 앞에서 자기 삶을 성찰하면서 매 순간 뜨겁게 살아야 하는 것이다. 그것만이 그나마 후회를 덜 하는 방법이기 때문이다.

『이방인』에는 뫼르소가 감방 안에서 버려진 신문 기사를 읽는 삽화가 삽입되어 있다.

어떤 사내가 어렸을 때 집을 나가 자수성가해서 25년 만에 고향 집을 찾아오는 내용이다. 크게 성공한 그는 어머니를 놀라게 해주려고 식구들은 뒤따라오게 하고 먼저 고향에 온다. 마침 여관을 하는 어머니에게 방을 빌리면서 그는 지갑의 돈을 슬쩍 보여준다. 돈이 탐이 난 어머니는 딸이랑 짜고 사내를 죽이고 지갑을 차지한다. 뒤이어 도착한 며느리가 그 사내가 아들임을 밝히자 어머니와 딸은 혈육을 몰라본 자신들에 대한 죄책감에 자살한다. 우리가 타인을 안다는 것은 어떤 의미일까? 끊임없는 '오해'(이 삽화가 작품으로 나올 때의 제목이다.)가 쌓여 타인을 내가 보고 싶은 대로만 보고 판단한다면, 어느 순간 자신이 낳은 자식도 알아볼 수 없을 만큼 인간은 맹목적인 존재가 아닐까? 이 주제 의식이 이방인 전체를 관통하는 핵심이라고 할 수 있다.

개별적으로든 집단적으로든, 많은 사람들이 다소 의식적으로 '이방인은 모두 적이다'라고 생각할 수 있다. 이러한 확신은 대개 잠복성 전염병처럼 영혼의 밑바닥에 자리 잡고 있다. 그것은 우연적이고 단편적인 행동으로만 나타날 뿐이며 사고체계의 밑바탕에 깔려 있는 것은 아니다. 하지만 그러한 일이 발생하면, 그 암묵적인 도그마가 삼단논법의 대전제가 되면, 그 논리적 결말로 수용소가 도출된다.

- 프리모 레비『이것이 인간인가』서문

『이방인』을 이해하기 위해서는 예수의 생애를 살펴볼 필요가 있다. 예수는 유대 사회에 던져진 이방인이었다. 공생애 기간

내내 예수는 율법에 얽매여 사람을 외면하는 유대인들을 크게 질타했다. 유대인들은 유일신 야훼와의 계약 관계가 삶의 근간이었기 때문에 율법으로만 구원받을 수 있다고 생각했다. 그리하여 삶의 모든 국면에서 율법 정신을 도외시한 채 자구(字句)에만 매달리느라 본말이 전도된 신앙관을 갖게 되었다.

문제는 율법이 자기 내면을 향하지 않고 타인을 향한 판단 기준이 될 때 어마어마한 폭력이 된다는 점이다. 그래서 율법 본래의 정신에 따라 율법을 재해석하는 예수가 유대인들에게는 율법을 파괴하려는 몹시 불온한 인물이 되고 만다. 예수가 유대 공동체를 파괴할 염려가 있다고 생각한 산헤드린 원로들은 예수를 사형시키기로 합의한다.

그런데 당시 유대는 로마의 식민지였다. 사형집행권은 로마 총독 빌라도에게만 있었다. 빌라도는 굳이 예수를 사형시킬 만한 죄를 발견할 수 없어서 난감했다. 그는 예수를 풀어주려고 노력했지만 유대인들은 오직 사형만을 고집했다. 빌라도 앞에 선 예수는 자신의 운명을 감지하고 풀려나기 위한 자기변호 대신 "(나는) 진리를 증언하기 위해서 왔다"는 말을 남기고 사형장으로 끌려간다. 예수가 신성 모독죄로 십자가에 달릴 때 유대인들은 이적을 통해 그가 하느님임을 증명해 보이라면서 증오의 함성을 보내고 조롱한다. 예수 십자가 위의 문구는 '유대인의 왕'(INRI)이다. 유대인의 왕은 하느님 한 분뿐이다. 신성 모독죄로 처형된 예수의 죄목이 아이러니하게도 최종적으로 '하느님'으로 기록된 셈이다. 유대인들이 '자칭 유대인의 왕'으로 바꿔야 한다고 요청했을 때 빌라도가 한번 썼으면 그만이라고 거절했기 때문이다. 이 또한 부조리한 일이다.

진리를 알리기 위해 인간 사회에 온 예수가 유대 사회에 도저히 섞일 수 없는 이방인으로 처형당한 일이 십자가 사건이다. 그래서 뫼르소도 사회에 불온한 인물이라는 딱지를 붙여 제거하고자 한 것이다.

"그 어떤 영웅적인 태도를 취하지 않으면서도 진실을 위해서는 죽음을 마다하지 않는 한 인간을 『이방인』 속에서 읽는다면 크게 틀린 것이 아니라고 할 수 있겠다. 여전히 좀 역설적인 뜻에서 한 것이지만, 나는 내 인물을 통해서 우리들의 분수에 맞을 수 있는 단 하나의 그리스도를 그려보려고 했다는 말을 한 적이 있다."

카뮈는 실제로 『이방인』에서 예수를 연상시키기 위해 뫼르소의 사형 집행장에서 군중들의 증오의 함성과 '다 이루었다'는 십자가상 예수의 말을 인용한다.

누구도, 그 누구도 그녀의 죽음에 울 권리를 가지고 있지 못한 것이다. 그리고 나 역시 모든 것을 다시 살아 볼 준비가 되었음을 느꼈다. 나는 세계의 부드러운 무관심에 스스로를 열었다. 이 세계가 나와 너무도 닮았다는 것을, 마침내 한 형제라는 것을 실감했기에, 나는 행복했고, 여전히 행복하다고 느꼈다. 모든 것이 이루어졌다는 것을 위하여 (예수의 십자가상 마지막 말이다.)

내게 남은 유일한 소원은 나의 사형 집행에 구경꾼들이 와서 증오의 함성으로 나를 맞아 주었으면 하는 것이다. (예수에 대한 유대인들의 반응이다.)

이처럼 카뮈는 뫼르소의 사형이 집행되는 장면을 예수의 십자가 처형 장면과 병치시킨다. 뫼르소는 진리를 위해 이 세상에 왔다가 순교한 예수처럼 진리를 위해 죽는다. 과연 우리가 타인을 이방인으로 딱지 붙이는 일이 온당한가? 라는 질문을 던지면서.

"알아듣겠는가? 사람은 누구나 다 특권 가진 존재다. 세상엔 특권 가진 사람들밖에는 없는 것이다. 다른 사람들도 또한 장차 사형을 선고받을 것이다."

◇◇ 독서 질문

· 뫼르소는 왜 두 차례나 어머니 시신을 보는 것을 거절했을까?

· 뫼르소가 영안실에서나 장례식장에서 눈물을 흘리지 않은 이유가
  무엇이라고 생각하는가?

· 뫼르소가 어머니를 사랑했다는 근거는 어떤 것일까?

· 뫼르소가 말한 육체적 필요가 종종 감정을 방해한다는 말의 의미는
  무엇일까?

· 아랍인을 살해한 것은 정당방위였나?

· 예심판사는 왜 뫼르소에게 다짜고짜 적그리스도라는 표현을 썼을까?
  그리고 그것은 적절한가?

· 변호사의 말처럼 뫼르소는 어머니의 장례식 때문에 기소됐을까?
  사람을 죽여서 기소됐을까?

· 뫼르소가 자신이 세상과 닮았다고 한 것은 무슨 의미일까?

· 뫼르소가 증명하고자 한 진리는 무엇이라고 생각하는가?

· 뫼르소는 과묵한 사람이다. 양로원 원장은 뫼르소의 침묵을 자기
  식으로 해석해서 뫼르소를 오해하고, 살라마노 영감은 뫼르소에게
  솔직하게 대화하면서 이해하려고 한다. 그래서 법정에서 둘은
  정반대의 증언을 한다. 우리가 타인을 이해하기 위해서 필요한 것은
  무엇이라고 생각하는가?

◇◇◇ 토론 코칭

『이방인』 토론은 책에 대한 충분한 해석이 이루어진 뒤에 해야 한다. 이방인 토론에서는 책 내용이 왜곡되는 경우가 많기 때문이다.

이 토론의 목표는 궁극적으로 뫼르소의 살인이 정당방위니, 사형이니 하는 문제보다 우리가 타인을 이해하려는 노력을 게을리하지 않아야 한다는 점을 깨닫게 되는 것이라고 생각한다. 그래서 최대한 디테일하게 내용을 숙지하는 것이 중요하다. 그래도 어찌 됐든 논제에 따라서 쟁점은 뫼르소의 살인이 어머니의 장례식장에서도 울지 않는 패륜아가 저지른 잔인한 범죄인지, 우연이 중첩되어 일어난 정당방위인지 여부다.

뫼르소가 장례식을 치르고 집으로 돌아와 방안에서 새삼 어머니의 부재를 느끼거나, 살라마노 영감이 개를 잃어버리고 우는 모습에서 어머니를 회상하는 것은 겉으로 표현하지 않았을 뿐 엄마를 그리워하는 뫼르소의 내면을 암시한다. 반대편에 유리한 주장이다. 고의로 살해할 의도가 없었고 태양 때문에 시야가 가려져 앞을 보지 못한 상태에서 방아쇠가 당겨졌다는 주장에 맞서 최초의 한 발은 그렇다고 인정해도 이후의 네 발은 고의가 아니면 설명하기 힘들다는 주장도 쟁점이다. 이 대목이 가장 첨예하게 맞서는 부분이다. 뫼르소가 죄책감을 보이지 않는다는 점도 본디 감정을 잘 드러내지 않는 성격이라는 점과 맞선다. 정리하면 살인의 의도와 행위에서 쟁점이 형성된다.

이 토론은 치열한 법정 공방이 재현되는 재미있는 토론이다. 실제로 많은 경우 아예 법정 재판처럼 진행하기도 한다. 토론하다 보면 제 삼자가 타인의 행동을 이해하고 판단하는 일이 얼마나 지난한 일인지 배우게 된다. 이 토론의 가장 훌륭한 미덕이다.

우리는 편견과 선입견에 사로잡혀 타인을 함부로 규정한다. 『이방인』 토론은 타인을 우리 잣대로 판단하는 일이 얼마나 근거 없고 터무니없는 일인지 일깨워 준다. 남을 쉽게 판단하지 않고 생각을 유보하는 능력을 키우는 것이 토론의 목표라는 점을 고려하면 여러 가지 면에서 배울 점이 많은 토론이다.

특히 비판적 사고력을 향상할 수 있다. 비판적 사고는 사안에 대해 거리를 두고 냉철하게 생각할 때 비로소 생긴다. 사안의 옳고 그름을 판단할 때 필요한 작업이다. 학생들과 함께 이 부분에 대해 깊이 있게 이야기를 나누면 좋을 듯하다.

> **"**
> 산티아고의 도전은
> 실패였다
> **"**

『노인과 바다』

어니스트 헤밍웨이

『노인과 바다』는 헤밍웨이가 1952년에 발표한 소설이다. 퓰리처상을 비롯한 다양한 상을 수상하고 마침내 노벨상까지 받게 한 필생의 역작이다. 헤밍웨이는 친구에게 보낸 편지에서 이 작품을 평생 작업해 온 작품이라면서 "가시적 세계와 인간 영혼 세계의 모든 차원을 담고 있으며 자신이 쓸 수 있는 가장 훌륭한 작품"이라고 각별한 애정을 드러냈다고 한다.

표면적인 이야기는 어부 산티아고가 먼바다에 나가서 청새치를 잡아 돌아오던 중 상어의 공격으로 뼈만 싣고 온다는 내용이다. 그러나 심층적으로는 노인이 바다에서 경험하고 깨닫게 되는 인생 전반에 관한 은유로 채워져 있다. 다층적인 의미를 함축한 빼어난 문장에서 알 수 있듯 현자의 지혜가 빛나는 작품이다. 작가가 자기 생각을 구체적인 상황에서 담백하게 표현하는데 그 문장의 밀도가 높고 울림이 크다.

이러한 문장이 심장을 관통하면 우리는 이 문장을 만나기 전과 후로 삶이 바뀌는 경험을 하게 된다. 바로 이 점이 우리가 고전에서 얻을 수 있는 가장 유익한 성과일 것이다.

'가장 운이 없는 사람'이라는 의미의 살라오라는 별칭을 갖고 있는 한물간 어부 산티아고는 84일째 허탕을 쳤다. 모두 산티아고를 놀려대거나 무시하지만 그는 젊은 날 내기 팔씨름을 하루 반나절을 해서 이긴 적도 있을 만큼 집념이 강한 사람이다.

그는 어떤 고난에서도 희망을 잃지 않는 불굴의 정신을 지녔다. 그는 엘 캄페온(챔피언)답게 자신감도 있고 연륜이 선물한 겸손함도 갖춘 지혜로운 노인이다. 사실 인간을 인간답게 완성하는 마지막 퍼즐은 겸손이라는 덕목이다. 산티아고에게 고기 잡는 법을 배운 마놀린은 여전히 산티아고를 믿고 따른다. 그러나 그가 40일 동안 고기를 잡지 못하자 마놀린의 아버지는 운이 없다며 마놀린에게 다른 배를 타게 한다. 그래서 산티아고는 조수도 없이 홀로 조업에 나서게 된다.

85일째 날, 84일간의 허탕에도 다시 새날을 맞은 산티아고는 마놀린이 준비해 준 미끼들을 갖추고 조업을 나섰다. 전날 꾼 사자 꿈은 새로운 항해를 응원하는 징조 같았다. 산티아고는 운도 운이지만 운이 닥쳤을 때 빈틈없이 해내고 싶은 마음뿐이다. 오직 고기 잡는 것에만 집중해서 자신의 실력을 증명하고 싶었다. 자신은 그 일을 위해서 태어났다고 믿고 있기 때문이다.

행운을 비는 마음에서 평소보다 좀 더 먼바다로 나간 산티아고는 뭔가 육중한 것이 잡힌 느낌을 받았다. 한참이나 고기에게 끌려다닌 산티아고의 눈에 청새치가 수면 위로 모습을 드러냈다. 햇빛을 받아 번쩍번쩍 빛나고, 짙은 자줏빛의 머리와 등, 옆구리의 연보랏빛 넓은 줄무늬, 결투용 쌍날칼처럼 긴 주둥이를 가진 물고기였다. 청새치의 길이는 배보다 60cm나 더 길었다.

이제까지 본 중에서 가장 크고 무거운 고기였다. 3일간이나 낚싯줄을 사이에 두고 팽팽하게 버티느라 기진맥진했지만 사력을 다해 고기를 잡았다. 너무 크고 육중해서 배가 가라앉을까 봐 청새치를 배 옆구리에 묶었다. 고기가 너무 커서 훨씬 큰 배를 나란히 붙여 놓은 것처럼 보일 정도였다.

고기를 묶은 지 한 시간도 채 지나지 않아 뜻밖의 행운에 들뜬 기분을 만끽할 새도 없이 상어의 습격을 받는다. 작살로 상어를 죽이는 데에 가까스로 성공하지만 이미 고기 몸뚱아리가 20킬로그램이나 뜯긴 후였다. 마치 자신이 뜯긴 것처럼 느껴질 만큼 충격이 컸다. 하지만 그는 의연하게 "인간은 파멸당할 수 있을지 몰라도 패배할 수는 없다"고 생각한다. 그리고 고기가 줄어든 만큼 더 빨리 집에 갈 수 있겠다고 마음을 다잡은 그는 희망을 버리는 건 죄라고 생각한다.

다시 원기를 회복하고 두 시간쯤 항해하는데 또 두 마리의 상어가 덮친다. 상어를 물리치려고 안간힘을 썼지만 역시 고기의 4분의 1이 뜯겨 나간 뒤였다. 차라리 고기를 잡지 않았던 편이 나았을 거라고 생각될 정도로 몸과 마음에 상처를 입는다. 자기에게 죽은 청새치도 자신도 모든 게 엉망이 되어 버린 것처럼 느껴지는 상황이다.

그는 다시 고기가 사라진 만큼 배가 더 가벼워졌고 혹시 일이 잘 풀릴지도 모른다고 생각하며 희망을 버리지 않는다. 밤낮으로 상어 떼와 씨름하다 보니 고기는 뼈만 앙상해진다. 노인은 자신이 승산 없는 싸움을 하고 있다는 사실을 알고도 죽을힘을 다해 싸운다.

좋은 일이란 오래가는 법이 없구나, 하고 그는 생각했다. 차라리

이게 한낱 꿈이었더라면 얼마나 좋을까. 이 고기는 잡은 적도 없고, 지금 이 순간 침대에 신문지를 깔고 혼자 누워 있다면 얼마나 좋을까.

"하지만 인간은 패배하도록 창조된 게 아니야." 그가 말했다. "인간은 파멸당할 수는 있을지 몰라도 패배할 수는 없어." 하지만 고기를 죽여서 정말 안됐지 뭐야, 하고 그는 생각했다. 이제부터 정말 어려운 일이 닥쳐올 텐데 난 작살조차 갖고 있지 않으니. 덴투소라는 놈은 무척이나 잔인하고 힘이 센 데다가 머리도 좋지. 하지만 그놈보다야 내가 더 똑똑하지. 아냐 어쩌면 그렇지 않을는지도 몰라, 하고 그는 생각했다. 그놈보다 어쩌면 내가 좀 더 좋은 무기를 갖추고 있을 뿐인지도 몰라.

"이보게, 늙은이, 너무 생각하지 말게. 이대로 곧장 배를 몰다가 불운이 닥치면 그때 맞서 싸우시지." 그가 큰소리로 말했다. 하지만 난 생각을 해야 해, 하고 그는 생각했다. 내게 남아 있는 것이라고는 생각하는 일밖에 없으니까.

결국 아무 수확도 없이 녹초가 되어 항구로 돌아온 노인은 판잣집에 겨우겨우 도착해서 죽은 듯이 잠을 잔다. 집에 돌아온 노인에게 남은 거라곤 5.5미터라는 걸 알 수 있는 청새치의 뼈

잔해뿐이다. 산티아고는 마놀린에게 자신이 완전히 졌다고 고백하지만 마놀린은 지지 않았다고 거듭 말한다. 마놀린은 산티아고에게 배울 게 많다며 앞으로는 산티아고의 배를 타겠다고 말한다. 다시 깊은 잠에 든 노인이 사자 꿈을 꾸는 동안 마놀린은 곁을 지킨다.

사자 꿈을 꾸고 출항했던 노인이 아무것도 없이 빈손으로 돌아왔어도 다시 사자 꿈을 꾼다는 대목은 인간이 희망 말고는 가진 게 없다는 엄연한 사실과, 희망을 품고 있는 한 인간은 결코 패배한 것이 아니라는 귀한 교훈을 준다.

이 소설은 시시각각 변하는 노인의 생각과 행동에서 인간 삶의 정수를 길어 올린다. 삶은 실로 변화무쌍한 예측불허의 현장이다. 도전해서 뭔가를 손에 쥐는 순간 손에서 빠져나가기 일쑤다. 남는 게 없어서 허망하고 엉망이라고 느끼지만 다시 도전의 순간이 다가온다. 도전하면서 인간은 변화한다. 미리 계획을 세워본들 예측은 번번이 빗나가고 그때그때 상황에 맞추어 해결해 나가는 수밖에 없다.

그러나 최선을 다하면 내가 변화하는 것이 인생이다. 그리고 그것을 가능하게 하는 것은 매번 다시 일어나는 힘이다. 괴테의 말처럼 인간은 노력하는 한 방황하는 거고 끊임없이 노력하는 자는 구원받는 법이니까.

　노인의 힘은 예전만 못하지만 세월이 지나간 만큼 요령도 많이 알고 배짱도 있다. 그는 청새치와 싸우면서, 청새치를 먹으려고 달려드는 상어 떼와 싸우면서 인간이 무엇을 할 수 있는지, 인간답게 고통을 견디는 것이 무엇인지 보여준다. 죽을힘을 다해 싸우지만 다시 고난은 닥쳐오고 그것을 해결하는 순간 또 다른 고난이 닥쳐온다. 노인은 왼손의 마비와 오른손의 상처에도 불구하고, 급기야 발을 동원하면서도 낚싯줄을 놓지 않는다. 낚싯줄을 놓는 순간 모든 고통이 사라진다는 사실을 알고 있지만 결코 그렇게 하지 않는다. 그건 나답게 살지 않는 것이다. 자신을 입증하기 위해 바다에 나온 이상 본분을 잊지 않는 것이다. 그 과정에서 자신이 죽은 것이 아닐까 의심될 정도로 비현실적인 상황도 온다.

　오직 육체의 통증만이 자신이 살아있다는 사실을 증명한다. 그는 매 순간 오뚝이처럼 다시 일어선다. 그가 빛나는 것은 어떠한 고난 앞에서도 무너지지 않는 그의 불굴의 의지 때문이다.

　포기하고 싶을 때마다 그는 자신에게 용기를 불어넣기 위해 안간힘을 쓴다. 자신이 챔피언이었던 시절을 회상하거나 고기가 줄어든 만큼 더 빠르게 집으로 돌아갈 수 있다고 스스로를 세뇌한다. 희망을 버리는 건 어리석은 일이며 죄악이라고 생각한다. 삶에서 속수무책으로 당하면서도 절대 포기하지 않는 산티아고를 보면서 우리는 나의 삶을 돌아보게 된다. 나는 산티아고처럼 숭고한 모습을 보인 적이 있었는가.

『노인과 바다』는 결과보다 과정을, 성공보다 실패 가치를 보여주면서 함부로 실패라는 말을 입에 올리지 못하게 한다. 쉽게 단정 짓고 포기하는 것이 왜 잘못인지 알려준다. 인간은 패배하도록 만들어지지 않았다. 노인의 도전은 과연 실패였을까? 오히려 산티아고가 스스로를 극복하는 모습에서 새삼 더할 나위 없는 영웅의 면모가 느껴진다. 노벨상 수상은 특정 작품에 주어지는 상이 아니라 한 작가의 작품 전체에 헌정되는 상이라고 알려졌지만 『노인과 바다』는 단 한 권만으로도 압도하는 무언가가 있는 소설이다. 실제로 노벨상 위원회도 이 작품에 대해 "가장 최근『노인과 바다』에서 이룩한 내러티브 예술의 놀라운 경지와 현대 문체에 끼친 영향을 높이 평가하여 문학상을 수여한다."고 밝혔다.

『노인과 바다』는 죽는 순간 손에 쥐는 것은 없지만 몸으로 살아낸 흔적만이 남는 인생 전반에 대한 은유이다.

◇◇ 독서 질문

· 인생길을 바다, 항해로 비유하는 이유는 무엇일까?

· 어느 누구도 바다에서는 절대 외롭지 않다는 말의 의미는 무엇일까?

· '희망을 버리는 건 죄'라는 산티아고의 생각에 동의하는가?

· 망망대해에서 길을 잃지 않는다는 말의 의미는 무엇일까?

· 차라리 고기를 잡지 않았으면 하고 후회하는 노인의 심정은 어떤
  것일까?

· 산티아고가 청새치에게 느끼는 연민의 감정에 대해 어떻게
  생각하는가?

· 85일째, 평소보다 먼바다로 조업을 나간 것은 잘못이었을까?

· 마놀린이 노인에게 배울 게 많다고 한 말의 의미는 무엇일까?

· "인간은 패배하도록 창조된 것은 아니야. 파멸당할 수 있을지 몰라도
  패배할 수는 없어."라는 말의 의미는 무엇일까?

· 산티아고의 도전은 무엇을 남겼을까?

◇◇◇ 토론코칭

『노인과 바다』는 현자의 지혜가 가득 담긴 책이다. 학생들은 나이의 특성상 경험의 한계 때문에 다소 어렵게 느낄 수 있다.

그러므로 찬반 토론에 들어가기 전에 인상 깊은 구절을 중심으로 충분히 이야기를 나누는 것이 좋다. 다른 사람의 생각과 느낌을 공유하는 과정은 경험의 한계를 극복하는 가장 좋은 방법이다. 『노인과 바다』라는 제목에 대해서 의견을 나누는 것도 추천한다.

영화 《라이프 오브 파이》를 시청하고 책과 비교해서 토의하는 것도 좋다. 이 토론의 목표는 성공과 실패를 초월한 인생의 진정한 의미를 이해하고 실패의 위엄을 숙고하는 데 있다.

청새치를 잡았으나 앙상하게 뼈만 남았기 때문에 산티아고의 도전은 실패라는 주장과 도전하는 과정에서 얻은 교훈과 남은 잔해 때문에 결코 실패로 단정 지을 수 없다는 주장이 동시에 가능하다.

결국 과정과 결과의 대립으로 쟁점이 형성된다. 고기한테 내내 끌려다니다 상어 떼에게 모두 빼앗기고 만 것은 실패로 생각될

여지가 충분하다. 정신 승리만 남은 상처뿐인 영광인 셈이다.

한편, 치열했던 과정은 그 자체로 위대한 승리의 기록이다. 이길 가망이 전혀 없는 상황이라 할지라도 희망의 끈을 놓지 않는 점은 인간만이 지닌 고결한 정신이다. 실패의 가치 또한 도전 과정에서 획득한 전리품이다. 전리품이 있는 도전을 우리는 절대로 실패라고 말하지 않는다.

『노인과 바다』의 토론에서 중요한 것은 우리가 소중히 기억해야 할 가치들을 살펴보는 데에 있다. 학생들과 그 점에 대해 생각해 보자고 상기시키면서 재미있게 토론한다면 얻을 것이 많은 명작이다.

『수레바퀴 아래서』

헤르만 헤세

08

『수레바퀴 아래서』는 헤르만 헤세가 1903년 25살의 나이에 쓴 초기작이다. 작가 자신의 자전적 경험이 녹아 있는 작품으로 헤세의 어린 시절 이야기를 담고 있다.

소설처럼 헤세는 장래가 촉망되던 학생이었다. 헤세는 마울브론 신학교에 입학했으나 부적응으로 신학교를 그만뒀다. 이후 4년간 방황을 거듭하다 시계 부품 공장, 서점 수습사원 등을 거쳐 작가로서의 삶을 시작해 노벨상까지 품에 안았다. 그러나 소설 속 주인공 한스 기벤라트는 자신의 인생에 대해 진지하게 생각할 여유 없이 주변의 기대와 가문의 영광을 위해 단 하나의 출셋길을 찾아 모든 걸 희생하고 공부만 하다 꿈도 피우지 못하고 어린 나이에 죽는다. 자신의 길을 찾은 헤세와 달리 한스의 인생은 죽음으로 끝난다. 수레바퀴에 깔린 것이다. 지금부터 약 100여 년 전의 독일 이야기인데도 오늘날 대한민국의 교육 현실과 너무 흡사해서 읽는 내내 가슴이 저릿하다.

한스 기벤라트는 조그만 시골 슈바벤에서 1등을 도맡아 하던 영재였다. 그는 평범하지만 대단히 속물적인 중개업자 요제프 기벤라트의 외아들이다. 슈바벤 지방의 재능 있는 아이들의 출세 경로는 단 하나, 주 시험을 거쳐 신학교에 입학한 후, 튀빙겐 대학에 진학해서 목사나 교사가 되는 것이다. 이는 공부를 곧잘 하는 사람이라면 거치는 너무나 당연한 과정이고 모두가 선망하는 일이다.

한스 또한 예정된 길을 가도록 정해져 있다. 그리하여 한스는 기분 전환을 위한 취미활동도 허락되지 않을 만큼 빡빡한 공부 일정을 소화해야만 했다. 시험에 대한 중압감에 숨이 막혀도 주위의 열망에 부응해야 한다는 의지와 평범하고 시시한 육체노동은 하지 않겠다는 야심으로 버틴다. 아버지가 시험에 합격하면 원하는 것을 사준다고 했을 때조차 한스는 원하는 것이 고작 낚시하는 것이라고 했을 정도로 오락을 멀리하고 오로지 공

부에만 매진한다. 각고의 노력 끝에 드디어 한스는 주 시험에 2
등이라는 우수한 성적으로 합격한다. 이 작은 마을에서는 신문
기사에 나올 정도로 큰 경사였다.

그러나 안타깝게도 신학교 입학을 앞두고 모처럼 방학을 맞
은 한스는 여전히 놀지 못하고 좋은 성적을 받기 위해 선행학습
을 해야 했다. 밤늦게까지 방안에 틀어박혀 공부와 씨름하느라
뼈만 앙상하게 남았지만 성공을 위해서는 어쩔 수 없는 일이었
다. 마울브론 신학교는 명망 있는 신학자, 철학자, 예언자 등을
배출하는 유서 깊은 곳이다. 각처에서 모인 재능있는 소년들이
성공 공식을 따라 하나의 꿈을 향해 질주하는 곳이다. 따라서 이
학교만의 엄격하고 질서정연한 독특한 분위기가 있다. 방 이름
도 포룸, 헬라스, 스파르타, 아테네 등 고리타분하다. 한스는 헬
라스 방에 배정되어 루치우스, 하일너 등과 함께 생활하게 된다.

성실한 노력파 한스는 히브리어를 담당하는 교장 선생님의
눈에 띈다. 그러던 중, 친구도 없이 공부만 하는 한스에게 하일
너가 다가온다. 하일너는 비뚤어진 천재마냥 불만이 많고 고전
은 몽땅 사기라며 공부를 내팽개친 위험한 인물이다. 한스는 하
일너에게 끌리면서도 그의 행동이 불안하기만 하다. 그래서 하
일너가 오토 뱅거와 몸싸움을 하는 바람에 감금당했을 때 그를

외면한다. 그러던 어느 날, 힌딩거가 스케이트 타는 아이들을 구경하려고 연못으로 놀러 갔다가 실족사하는 일이 생긴다. 힌딩거의 죽음이 마치 자신이 외면한 하일너의 죽음처럼 느껴진 한스는 하일너에게 자신이 했던 행동에 대해 용서를 구한다.

모범생 한스의 가슴은 슬픔과 수치심으로 쿵쿵 뛰었다. 얼어붙은 들판을 비틀거리며 뛰는데 추워서 새파래진 뺨 위로 하염없이 흐르는 눈물을 주체할 수가 없었다. 그는 절대 잊을 수 없으며, 아무리 후회해도 돌이킬 수 없는 죄악과 실수가 있다는 것을 깨달았다. 들것에 누워 실려가는 것이 재봉사의 아들이 아니라 친구 하일너 같았다. 하일너가 그의 배반에 대한 아픔과 분노를 싣고 멀리 다른 세상으로 떠나는 듯했다. 성적과 시험과 성공이 아니라 양심이 깨끗한지 더러운지를 기준으로 사람을 평가하는 다른 세상 말이다.

마침내 한스의 진심을 하일너가 받아주어 둘은 이전보다 더욱 각별한 사이가 된다. 한스는 하일너의 영혼에 전염되어 자신이 하는 공부에 의문을 품게 된다. 당연하게도 한스의 성적은 점점 떨어진다. 교장 선생님은 한스를 하일너에게서 떼어 놓으려 한다. 교사들의 임무는 지나치게 뛰어난 인물이 아니라 라틴어나 산수를 잘하는, 정직하고 성실한 보통 사람을 키우는 것이기 때문이다. 교장 선생님은 한스가 '수레바퀴에 깔리면 안 된다'고 격려하면서 하일너를 멀리하라고 충고한다. 그러나 성적만큼이나 행실도 변한 한스는 모범생에서 문제아로 전락한다. 한스가 친구들과 싸움이나 일삼고 수업 시간에 집중하지 못하자 선생님들의 조롱거리가 된다. 결국 하일너는 문제를 일으켜 퇴학 처분을 당하고, 한스는 돌이킬 수 없을 정도로 심신이 망가진다.

교장부터 아버지 기벤라트와 교수들, 복습지도 교사에 이르기까지 청소년을 교육하는 의무에 전력을 다하는 모든 사람들은 한스의 마음에 그들의 소망을 가로막는 장애물이 있다고 생각했다. 그래서 한스가 가지고 있는 그 완고하고 게으른 요소를 폭력을 행사해 억지로라도 올바른 길로 돌아오게 만들어야 한다고 생각했다. 동정심 많은 복습 지도 교사 비트리히를 제외하면 그들 중 아무도 소년의 여윈 얼굴에 나타난 당혹스러운 미소 뒤에 물에 빠져 가라앉는 영혼이 아파하고 있으며, 그 영혼이 두려움과 절망에 차 죽어가면서 주위를 두리번거리고 있다는 것을 알아차리지 못했다. 아무도 아버지와 몇몇 교사의 야만적인 공명심과 학교가 이 연약한 존재를 그렇게 만들었다고 생각하지 않았다. 감수성이 가장 예민하고 가장 위태로운 소년 시절에 왜 한스는 날마다 밤늦게까지 공부해야 했을까? 왜 그의 토끼를 빼앗고, 왜 라틴어 학교에서 동급생들을 일부러 멀리하게 만들고, 왜 낚시를 금지하고, 왜 어슬렁거리며 거리를 돌아다니지 못하게 하고, 왜 하찮고 소모적인 명예욕을 추구하겠다는 공허하고 세속적인 이상을 그에게 심어주었을까? 왜 시험이 끝나고 힘들게 얻은 방학 때조차 푹 쉬게 하지 않았을까? 무지막지하게 몰아댄 망아지는 길에 쓰러져 이제 쓸모가 없어진 것이다.

결국 궤도에서 이탈한 한스는 신경쇠약에 걸려 신학교를 나온다. 그는 모두에게 버림받은 존재가 된 기분에 휩싸인다. 자살할 장소를 물색하는 등 심신이 피폐해진 한스는 방황하다가 아버지와 친구 아우구스트의 권유로 기계공의 일을 시작한다.

일도 서툰 데다 주위로부터 '주 시험을 통과한 금속 기술자'라는 비웃음까지 산다. 동네에 놀러 온 에마에게 잠시 첫사랑의 부푼 꿈을 꾸기도 했으나 에마가 자신에게 이렇다 할 말도 없이 떠나자 깊은 배신감을 느낀 한스는 좌절한다. 그러던 중, 아우구스트가 수습 딱지를 떼고 숙련공이 된 기념으로 한스를 파티에 초대하고 한스는 웬일인지 그날따라 폭음한다. 혼자 제대로 걷지도 못할 만큼 취한 한스는 집에 귀가하는 길에 강에 빠져 죽고 만다. 장례식장에서 구둣방 주인 플라이크는 한스가 그 지경이 된 것은 선생님들을 비롯한 어른들의 탓이라고 탄식한다. 과연 한스의 죽음은 누구의 책임일까.

단 하나의 성공 공식이 있다고 재촉하는 어른들과 그러한 교육 현실에 신음하는 아이들의 모습은 21세기를 사는 대한민국에서도 벌어지고 있다.

'초등 의대반'이라는 버젓한 간판이 우리의 교육을 삼키고 있다. 개개인의 고유한 적성과 소질을 살려 사회의 건강한 구성원으로 성장시키자는 구호는 정상적인 공교육을 블랙홀처럼 빨아들이는 대학입시 앞에서 맥을 못 춘다.

우리도 아이들을 수레바퀴에 깔리게 하는 것이 아닐까. 혹시라도 우리가 놓치고 있는 것이 무엇인지 아이들의 입장에서 생각해 보는 계기가 될 수 있다면 좋겠다.

◇◇ 독서 질문

- 성공에 법칙이 있을까?

- 직업에 귀천이 있다고 생각하는가?

- 왜 어른들은 한스에게 공부를 강요했을까?

- 한스는 왜 주변에 도움을 청하지 않았을까?

- 한스가 자살하려고 마음먹은 이유가 무엇이라고 생각하는가?

- 게르버 길과 매 길이 상징하는 것이 각각 무엇일까?

- 구둣방 주인 플라이크는 장례식장에서 아버지와 학교 선생님들을 비롯한 모든 어른이 한스의 불행에 책임이 있다는 말을 한다. 그 말에 동의하는가?

- 어린 한스에게 필요한 것은 무엇이었을까?

- 죽은 한스의 얼굴이 만족스럽고 즐거워 보이는 이유는 무엇일까?

- 한스의 죽음에 책임이 있는 것들은 어떤 것들일까?

이 토론의 목표는 사회가 다양한 개성과 가치를 존중하지 않고 획일적인 성공을 강요할 때 발생하는 문제점을 들여다보고 깊이 생각해 보는 데 있다. 논제 <한스의 죽음은 본인의 책임이다>는 죽음으로 끝난 한스의 불행한 삶이 한스만의 잘못인지, 사회나 교육, 가족을 비롯한 어른들의 잘못은 없는지 살펴보고자 함이다.

따라서 쟁점은 한스가 자신의 역량을 펼치지 못하고 사회가 강요한 성공 공식을 따라 질주하다가 낙오한 것이 병약하고 나약해서 어려움을 극복하지 못해 일어난 일인지, 사회나 선생님을 비롯한 어른들의 무책임과 방기 때문인지 여부다. 꿈도 많고 능력도 출중했던 한 소년이 급격하게 시들어 조숙한 병든 소년이 되는 과정에 어떤 문제점이 있었는지 면밀하게 살펴보는 것이 장차 자라날 세대를 위해서 매우 중요하고 필요하다. 한 사람의 성공 뒤에는 여러 사람의 보이지 않는 수고가 감춰져 있듯이 한 사람의 몰락 뒤에도 여러 요인이 숨어 있는 법이다.

건강한 사회라면 모두가 각자의 개성으로 사회에 기여하고 존중받아야 한다. 교육도 다양성이 꽃피울 수 있도록 제도적으로 뒷받침되어야 옳다. 획일적인 사회는 병든 사회다. 그러나 현실은 안타깝게도 성적으로 한 줄로 줄 세우면서 낙오자를 양산하는 체제로 가고 있다.

자본주의가 발달할수록 그러한 양상은 더욱 악화된다. 다행히 이러한 척박한 환경에서도 자신의 가능성을 실현하는 사람들이 더러 있지만 그 숫자가 희박할 정도로 매우 적다. 공교육에 진입하는 순간부터 성공 공식을 따라 질주하는 것이 당연시되어 있다. 그야말로 수레에 올라타거나 궤도를 이탈해 바퀴에 깔리거나 둘 중 하나다. 진정 이러한 광란의 질주를 멈출 방법은 없을까?

이처럼 규율과 정신의 싸움은 학교에서 학교로 되풀이해서 벌어지고 있다. 우리는 매년 나타나는 몇 안 되는 더 깊고 귀중한 정신의 싹을 국가와 학교가 애초부터 싹둑 자르려고 숨가쁘게 노력하는 모습을 계속 본다. 또 교사들의 미움을 받고, 벌을 자주 받고, 학교에서 도망친 인물들이 나중에 우리 국민의 귀중한 보물을 늘리는 경우도 끊임없이 본다. 하지만 묵묵히 반항하면서 자신을 소진하고 파멸해버리는 아이들도 많다. 그 숫자가 얼마나 되는지 누가 알겠는가?

실로 뼈아프게 귀담아들어야 할 이야기이다.

이 논제는 요즘 우리나라의 현실과 오버랩되는 부분이 많아서 학생들로서는 할 이야기가 많은 주제이기도 하다. 코치는 그저 학생들의 이야기를 귀담아듣는 수밖에 달리 방법이 없다는 점이 가슴 아플 따름이다.

『세일즈맨의 죽음』

아서 밀러

09

1915년 미국 뉴욕에서 태어난 극작가 아서 밀러가 1949년 발표한『세일즈맨의 죽음』은 산업자본주의 사회에서 부품으로 소모되다가 스러져 간 평범한 가장의 죽음을 소재로 한 희곡이다. 가족 간의 불화를 다룬 작품의 보편성과 대공황 이후 무너진 중산층 가정의 해체를 다룬 사회성으로 인해 지금까지도 많은 공감과 사랑을 받는 명작이다.

인간 삶의 시작과 끝은 가족과 함께한다. 그리고 개별 가정의 붕괴는 그 사회의 경제적 상황과도 긴밀하게 연결되어 있다. 사회 전체의 구조적인 경제 상황이 몰고 오는 한 가족의 비극적인 붕괴라는 점에서 지금 우리에게도 시사하는 바가 크다. 이 희곡의 가장 두드러진 점은 고대 그리스 비극의 3원칙을 준수한 점이다. 그래서 시공간과 플롯의 단일성을 유지하고 있다. 그럼에도 스토리가 단조롭지 않다. 인생을 압축해서 보여주는 구성의 치밀함, 캐릭터의 생생함 덕분에 퓰리처상을 비롯한 다수의 작품상을 받은 바 있다. 연극과 영화로 만들어져 우리나라에서도 많은 사랑을 받고 있다.

　예순 살이 넘은 윌리엄 노먼은 은퇴를 앞둔 노쇠한 세일즈맨이다. 36년간 한 회사에서 근무한 그는 아내 린다, 두 아들 비프와 해피를 거느린 가장이다. 30대가 넘은 두 아들은 변변한 직장 없이 빈둥거리는 놈팡이들이다. 한때 자신의 기대를 한껏 받았던 큰아들 비프는 대학 진학에 실패한 이후, 주급 35달러를 넘지 못하는 품팔이 신세가 되고 만다.

　윌리는 세일즈 실적이 떨어져 월급이 나오질 않아 밀린 집세와 가전제품 수리비, 보험금 등으로 궁지에 몰려 있다. 옆집 사는 성공한 친구 찰리가 그때그때 돈을 빌려주어 간신히 연명하는 궁색한 처지다. 그러나 윌리는 찰리가 월급 안 나오는 직장을 그만두고 자기 밑에서 일하면 주급 50달러를 줄 수 있다는 제안에는 코웃음 치는 허세 가득한 사람이다. 그는 아들 비프가 잘되면 모든 것이 달라질 수 있다는 헛된 기대를 놓지 못하고 있다.

그도 그럴 것이 비프는 고등학교 시절 촉망받던 풋볼 유망주였다. 여러 대학에서 비프를 영입하려고 스카웃전을 벌이기도 했었다. 그러나 수학 시험에서 F학점을 받는 바람에 고등학교 졸업을 못 해 대학 진학이 무산됐다.

비프는 이 문제에 대해 아버지의 도움을 받기 위해 아버지의 출장지 보스턴의 한 호텔을 찾아간다. 그러나 거기서 만난 아버지는 어릴 때부터 자신의 영웅이던 당당한 아버지가 아니라 외도를 들켜 어설픈 변명으로 위기를 모면해 보려는 비겁한 아버지였다. 이 사실은 윌리와 비프 둘만 아는 비밀이다.

충격을 받은 비프는 계절학기 등록을 포기하고 자신이 진학하고 싶었던 대학 로고가 박힌 운동화를 불태워 버린다. 아버지는 아들의 실패가 자신의 탓이라는 무거운 죄책감을 느끼지만 그래도 비프가 잠재력을 발휘해서 보란 듯이 성공해 주기를 기대한다. 그러나 기대가 크면 실망도 큰 법이다. 자꾸 어긋나고 자신의 기대에 못 미치는 비프의 행동에 윌리는 불같이 화를 내고 모진 말도 서슴지 않는다.

윌리: (말로 제지한다.) 이 집을 떠나거든 지옥에서나 타

죽어버려라!

비프: (몸을 돌리며) 도대체 제게 뭘 바라시는 거예요?

윌리: 기차 안이든, 산속이든, 골짜기든, 네가 어디서 무엇을 하든지, 반항심으로 네 인생을 두 동강 냈다는 것을 알길 바란다.

비프: 아니, 아니에요.

윌리: 네가 망가진 건 반항심, 그걸로밖에 설명할 수 없어!

네가 지쳐 쓰러질 때 무엇이 원인이었는지 기억해라.

철길 옆에서 얼어 죽을 때 그걸 기억하라고. 감히 나를 원망할 생각일랑 말고.

비프는 실패를 만회해 보려고 안간힘을 쓰지만 사회에서 자신의 쓸모가 많지 않다는 점을 깨닫고 좌절한다. 꿈 많던 17살 이후로 되는 게 없었던 탓이다. 여기저기 막노동을 전전하다가 급기야 캔자스 시티에서 양복을 훔쳐 감방에 수감된 적도 있었다. 그는 점점 나락으로 빠지는 자신의 인생을 어쩌지 못하고 아버지에게 원망을 쏟아낸다.

그는 자신이 일했던 회사 사장에게 사업 밑천을 빌려 보겠다고 큰소리치고 나갔으나 빈손으로 돌아온다. 한낱 물품 배송부 직원이던 자신을 사장이 만나 줄 리도 없고 사업 밑천을 대줄리는 더더욱 만무한 일이었다. 심지어 비프는 자신의 도벽 때문에 사장실에서 만년필까지 훔쳐서 나온다.

비프: 전 고등학교 이후 다닌 직장마다 도둑질 때문에 쫓겨났어요!

윌리: 그래, 그게 누구 잘못이란 말이냐?

비프: 그리고 아버지가 저를 너무 띄워 놓으신 탓에 저는 남에게 명령받는 자리에서는 일할 수가 없었어요! 그게 누구 잘못이겠어요!

윌리: 알아들었다!

린다: 그만해, 비프!

비프: 이제 진실을 아셔야 할 때에요. 전 금방이라도 사장이 되어야만 했지요. 이젠 그런 것들을 끝내려는 거예요!

윌리: 그러면 나가 죽어라! 아비에게 반항하는 자식아, 나가 죽으라고!

비프: 아뇨! 아무도 나가 죽지 않아요. 아버지! 전 오늘 손에 만년필을 쥐고 11층을 달려 내려왔어요. 그러다 갑자기 멈춰 섰어요. 그 사무실 건물 한가운데에서 말예요. 그 건물 한복판에 멈춰 서서 저는, 하늘을 봤어요. 제가 세상에서 가장 사랑하는

것들을 봤어요. 일하고 먹고 앉아서 담배 한 대 피우는 그런 시간들을요. 그러고 나서 만년필을 내려다보며 스스로에게 말했죠. 뭐하려고 이 빌어먹을 놈의 물건을 쥐고 있는 거야? 왜 원하지도 않는 존재가 되려고 이 난리를 치고 있는 거야? 왜 여기 사무실에서 무시당하고 애걸해 가며 비웃음거리가 되고 있는 거야? 내가 원하는 건 저 밖으로 나가 내가 누군지 알게 되는 그때를 기다리는 건데! 전 왜 그렇게 말하지 못하는 거죠, 아버지? (윌리의 눈을 자신에게 돌리려 하지만 그는 멀리 떨어져 왼쪽으로 간다.)

윌리: (증오심에 가득 차 협박하듯이) 네 인생의 문은 활짝 열려 있어!

비프: 아버지! 전 1달러짜리 싸구려 인생이고 아버지도 그래요!

윌리: (통제할 수 없이 격양하여 비프에게 돌아서서) 난 싸구려 인생이 아냐! 나는 윌리 로먼이야! 너는 비프 로먼이고!

윌리는 한창 잘나갔던 미국이 세계 대공황 때문에 침몰하던 시기(1929년)에 사회에 적응하지 못하고 1928년에 영원히 머물러 있다. 여기저기 돌아다니며 물건을 팔아 커미션만 170달러를 벌고 새 차를 뽑고 두 아들들이 성공할 거라는 부푼 꿈에 젖어 있던 시절, 그는 큰형을 따라 알래스카로 가려던 것도 망설였다. 그때 갔더라면 인생이 달라졌을까 상상해 보지만 이미 돌이킬 수 없다. 당시에는 세일즈맨의 삶이 더 나아보였던 것이다. 그는 80이 넘은 세일즈맨이 바이어를 만나고 여전히 현역으로 일할 수 있는 것에 감동했었다.

하지만 현재 자신은 초라하기 그지없다. 외근이 힘들어서 내근을 요청하러 간 자리에서 사장에게 홀대받는 것도 모자라 해고 통고를 받은 것이다. 어디서부터 잘못됐는지 모르지만 자신의 인생은 단단히 잘못되었음이 분명했다. 그는 얼마 전부터 자살 시도를 해왔다. 돈을 엄청 번 적도 없고 신문에 나오는 유명인도 아니며 훌륭한 인품을 가지지 못한 너무나도 평범한 가장 윌리는 가족을 부양하기 위해 애쓰다 가족에게 버림받고 결국 자살한다.

서글픈 일이지만 윌리의 말처럼 만약 죽어서 보험금이라도 나온다면 사는 것보다 죽는 것이 더 가치 있는 인생일 수도 있어서다. 그래서 윌리는 남은 가족에게 보험금 20,000달러가 나오길 기대하며 차를 타고 질주한다. 과연 윌리의 기대대로 무사히 보험금이 나올 수 있을까?

자신의 경력이나 인맥에 걸맞게 조문객이 화려할 거라고 기대한 윌리의 바람과 달리 너무도 초라한 장례식이 치러진다. 아내 린다는 25년에 걸친 마지막 주택 융자금이 이제야 끝났는데 집에 같이 들어가 살 사람이 없다고 절규한다. 미리 가불해서 쓰는 인생의 허망한 최후다. 또한 죽어야만 돈에서 자유로워지는 소시민의 모습이기도 하다.

아버지의 죽음 이후 철없는 두 아들은 과연 정신을 차렸을까? 스포츠용품 사업을 해서 이름을 날려보자던 해피의 말이 몹시 공허하다. 리먼 브라더스의 이름을 연상하게 하는 로먼 브라더스의 명명이 더욱 쓸쓸하게 들린다.

인생 대박의 꿈 아메리칸드림은 애당초 평범한 시민에게는 허락되지 않는 소수만의 행운이 아닐까? 3년 만에 집으로 돌아온 아들 비프, 윌리의 실직, 서로에 대한 기대 때문에 실망한 부자간의 첨예한 갈등, 아들과 가족으로부터 자신의 삶 전체를 거절당한 것 같은 윌리의 좌절 등이 단 하루 동안 숨 가쁘게 전개되다가 마침내 자살로 마무리되는 이 작품이 주는 여운은 길고 고통스럽다. 헛물만 켠 희망의 좌절이 정신의 사망뿐 아니라 육체의 사망으로 이어진 때문이다.

◇◇ 독서 질문

- 1929년 경제 대공황은 미국 사회에 어떤 영향을 미쳤을까?

- 윌리는 왜 큰형을 따라 알래스카에 가지 않았을까?

- 윌리는 어떠한 성격의 인물인가?

- 윌리의 죽음에 영향을 미친 일들은 어떤 것들일까?

- 윌리는 왜 사는 것보다 죽는 게 더 가치 있다고 했을까?

- 성장기에 윌리가 비프의 도벽을 눈감아 주거나 오히려 조장한 이유는 무엇이었을까?

- 식당에서 두 아들에게 버림받은 윌리의 심정은 어땠을까?

- 비프의 실패는 누구의 책임이라고 생각하는가?

- 윌리의 자살 시도를 알게 된 가족들의 반응은 무엇이었나?

- 윌리가 자살을 결심한 후에도 정원에 씨앗을 심는 이유는 무엇일까?

◇◇◇ 토론코칭

학생들이 작품을 어려워하는 이유 중 상당 부분은 배경지식이 없거나 경험이 부족하기 때문이다. 실제로 문학 작품을 토론할 때 학생들이 제대로 이해하지 못한 채 토론에 임해서 도중에 설명해야 했던 적이 왕왕 있다.

이 작품도 윌리와 비프의 갈등 장면이나 자살을 결심하고도 씨앗을 심는 장면에서는 따로 설명이 필요하다. 부모가 자식에게 거는 기대가 클수록 기대만큼 성취가 이루어지지 않으면 잘되라고 격려하는 한편으로 현 상태에 대한 실망에서 상처 주는 말을 하는 모순적인 모습을 보일 수 있다. 부모의 경험이 없는 학생들로서는 난감한 일이다. 윌리가 비프의 어린 시절에 도둑질을 조장하는 것도 설명이 필요한 대목이다. 그런 양육 태도와 비프의 손버릇을 비난하는 상반된 모습은 학생들로서 헷갈릴 수밖에 없어서다.

어느 비평가는 문학을 이해하려면 나이 60이 넘어야 한다는 말을 한 적이 있다. 인생의 다양한 경험이 축적돼야 삶의 여러 국면에서 일어나는 경험과 감정들을 오롯이 이해할 수 있다는 의미이다. 의미심장하고 타당한 말이라고 생각한다. 그럼에도 칸트의 지적처럼 인간은 '상상력으로' 타인을 이해할 수 있는 능력 또한 갖고 있다.『세일즈맨의 죽음』은 희곡이라는 장르적 특성도 있어서 대사가 충분히 드러내지 못하는 이면의 감정과 생각들에 대해 토의하는 시간을 충분히 가진 후에 토론하는 것이 바람직하다. 보충 설명이나 묘사가 없이 대사만으로 줄거리를 이해하는 데에는 한계가 있기 때문이다.

이해하기 어려운 대목들을 중심으로 의견을 나눈 뒤 본격적인 토론을 하면 더욱 의미 있는 토론이 될 수 있다. 유튜브에서 아들 비프역을 맡은 티모시 샬라메의 연기를 감상하는 것도 극의 분위기를 짐작하는 데 도움을 줄 수 있어서 추천한다.

이 토론을 위해서 1929년에 일어난 미국의 경제 대공황에 대해 알 필요가 있다. 윌리 가정의 경제적 위기는 경제 대공황에서부터 시작됐다고 봐야 한다.

1차 세계대전의 특수로 비약적으로 성장했던 미국 경제는 1929년 대공황으로 초유의 사태를 맞았다. 주가가 폭락하고 뱅크런이 일어나면서 영원히 호황을 누릴 것 같았던 미국 경제가 갑자기 주저앉은 것이다. 불황 때문에 공장에 재고가 쌓이면서 실직이 늘어나자 물건을 팔아야 하는 세일즈맨이라는 직업이 큰 타격을 받았다. 이때 미국은 엄청난 실업률과 빈곤에 시달렸고 윌리와 같은 중산층이 직격탄을 맞고 쓰러져 갔다. 그 여파로 수많은 가정이 파괴됐으며 자살자가 속출했다. 윌리의 실직도 이러한 사회 구조적인 관점에서 바라볼 필요가 있다.

이 토론의 논제는 윌리 자살의 직간접적인 원인을 살펴보는 것이다. 윌리는 노쇠와 무능력을 인정하지 않고 허세와 쓸데없는 자존심으로 자신을 극단으로 몰고 간다. 아들 비프와의 갈등 역시 있는 그대로의 아들의 처지를 이해하고 원만히 해결할 수도 있었으나 허황된 바람으로 무수히 많은 기회를 날려 버린다.

급기야 윌리는 삶의 제반 문제에 대한 회피와 시대착오적인 과대망상으로 삶을 낭비하고 만다. 반면에 윌리가 끝까지 올바른 판단에 이르지 못하고 자살에 이르는 모습은 겉으로는 자살의 형식을 취하고 있으나 실은 비정한 사회와 각박한 현실에 희생되는 개인의 모습으로도 비친다. 고속도로 여행, 기차 여행, 수많은 약속, 그런 것들을 다 거쳐서 결국엔 사는 것보다 죽는 게 더 가치 있는 현실이 된다면 과연 감당할 수 있는 이가 몇이나 될까?

한편, 가족은 윌리의 외로움과 경제적 어려움을 방관한 책임이 있다. 가족들은 반복되는 자살 시도를 알고 있었는데도 아무런

조처를 하지 않았다. 아들들로부터 버림받고 집으로 혼자 쓸쓸히 돌아온 윌리는 사내라면 뭔가 남겨야 한다면서 정원에 당근, 상추 등의 씨앗을 심는다. 그 씨앗들이 자라서 가족에게 도움이 되길 바라는 마음은 가족을 위하는 가장의 진정한 사랑의 발로일 것이다.

윌리의 사랑은 그동안 가족에게 잘 전달되었을까? 평소 가족의 소통이 원활했다면 윌리가 자살하는 일은 일어나지 않았을지도 모른다.

따라서 쟁점은 윌리의 죽음이 본인의 능력 부족인지 사회 구조적인 문제인지, 윌리 본인의 내면 상태에서 오는 건지 가족 간의 관계에서 오는 건지에서 생긴다.

우리도 1997년 IMF 외환위기 사태를 겪으며 비슷한 아픔을 경험한 바 있다. 평범한 중산층 가정의 비극적인 사건을 돌아보며 가족의 의미가 무엇인지 가족의 역할은 무엇인지 생각해 보자는 데 이 토론의 의의가 있다.

『베니스의 상인』

윌리엄 셰익스피어

10

『베니스의 상인』은 16세기 영국이 낳은 천재 극작가 셰익스피어의 대표적인 희극작품이다. 총 5막으로 구성된 연극 대본으로서 1596년에서 1597년 사이에 완성됐을 것으로 추정된다.

1600년에 초판이 나온 이 작품은 냉혈한 유대인 사채업자 샤일록의 인육 재판 이야기로 유명하다. 이 작품이 반유대주의 사상을 강화하는 데 일조했다는 평이 있을 정도로 유대인 샤일록에 대한 묘사는 강력하다.

돈을 갚지 못한 채무자의 살 1파운드를 떼어내려는 샤일록에 대해 살을 떼어내되 피는 단 한 방울도 흘리면 안 된다는 판결의 내용이 극적으로 전개되면서 샤일록을 돈밖에 모르는 피도 눈물도 없는 사람으로 그리고 있기 때문이다. 샤일록에 대한 세익스피어의 의도가 무엇이었든 간에 작품 자체가 던지는 질문이 묵직하고 여러 가지 면에서 생각해 볼 점이 많아 토론에 적합한 작품이다.

젊은 귀족 바사니오는 벨몬트에 사는 포샤에게 청혼하려고 한다. 그러나 그는 방탕한 생활로 이미 빚이 많은 처지라 청혼 자금이 필요했다. 그래서 부유한 절친 안토니오에게 돈을 꾸러 간다. 하필 안토니오도 모든 상선이 해외에 나가 있어서 빌려줄 현금이 없었다.

어쩔 수 없이 안토니오는 현금 부자인 유대인 대부업자 샤일록을 찾아간다. 평소 샤일록을 못마땅하게 여기고 모욕하던 천하의 안토니오가 샤일록에게 3천 다카트를 3달 동안 빌리기로 하고 바사니오에게 건네준다. 단, 조건이 하나 있다. 샤일록의 요구대로 '유쾌한 장난삼아' 위약 시 심장 가까운 곳에서 살 1파운드를 떼어내기로 합의한 것이다. 안토니오는 바사니오의 염려를 무시하고 계약서에 호기롭게 서명한다. 절대로 빚을 갚지 못할 경우는 없다고 강하게 확신했기 때문이다.

샤일록은 자신의 사업을 방해하는 안토니오에게 평소 깊은 원한을 갖고 있었고 복수하고 싶어 했다. 돈을 빌리러 온 자리에서조차 안토니오는 여전히 샤일록에게 모욕을 준다.

> 샤일록: (방백) 꼭 아첨하는 세리 놈처럼 생겼군!
> 저자가 기독교인이라서 싫기도 하지만
> 어리석게 돈을 공짜로 빌려 줘서
> 이곳 베니스에서 우리 이자를
> 떨어뜨려서 더 싫어.
> 기회만 왔단 봐라.
> 그동안 사무친 원한을 톡톡히 갚아 줄테니.
> 저자는 성스러운 우리 민족을 미워하고,
> 상인들이 잔뜩 모이는 곳에서 내 자신과 내 사업과
> 내 정당한 이득을 고리대금이라고 욕해 대지.
> 내가 저자를 용서하면 우리 유대 종족에
> 천벌이 내릴 것이다! (…)
> "존경하는 나리, 지난 수요일에 제게 침을 뱉고,
> 어느 날인가 제게 발길질을 하고, 또 언젠가는
> 절 개라고 부르셨죠. 이런 대접을 받은 대가로
> 그런 거금을 빌려 드리겠습니다."

안토니오: 난 그대를 또 그렇게 부를 거고

　침도 뱉을 거고 발길질도 할 거요.

샤일록에게 돈을 받은 바사니오는 포샤에게 청혼하러 벨몬트로 건너간다. 포샤의 아버지는 포샤의 배우자를 고르는 독특한 방법을 고안해서 유언으로 남겼다. 구혼자들이 금궤, 은궤, 납궤 중 하나를 선택하도록 하고 그 상자에서 포샤의 초상화가 나오는 자가 포샤에게 청혼하는 조건이었다. 바사니오가 테스트를 통과해 다른 구혼자들을 물리치고 포샤에게 청혼한 뒤, 두 사람은 즉시 결혼한다.

그런데 행복해야 할 결혼식장에 때마침 안토니오의 편지가 도착한다. 내용인즉 상선이 침몰했으며 샤일록의 빚을 제때 갚지 못해 계약조건을 이행해야 한다는 참담한 소식이었다.

한편 샤일록의 딸 제시카는 아버지의 돈과 보석을 훔쳐 안토니오의 친구 로렌조와 야반도주를 한다. 제시카는 기독교로 개종해서 구원받을 생각이다. 샤일록은 딸의 배신에 어마어마하게 분노하며 딸을 향해 온갖 독설을 퍼붓는다. 부성이라고는 눈곱만큼도 찾아보기 힘든 샤일록의 분노는 증폭되어 안토니오에게로 향하고 샤일록은 처절한 복수를 다짐한다. 샤일록은 안토니오가 베니스에서 사라지기를 원한다.

위기에 처한 안토니오를 만나기 위해 바사니오가 베니스로
오는 동안, 포샤는 안토니오를 구하기 위해 법학 박사로 분해
재판정에 선다. 베니스 공작이 샤일록에게 관대한 용서를 구하
고 재판관으로 변장한 포샤가 자비를 청해도 샤일록의 답은 하
나다. 오직 안토니오의 목숨, 살 1파운드를 떼어내는 거였다.

어쩔 수 없이 법에 따라 살 1파운드를 떼어내려는 순간, 포샤
는 계약조건의 맹점인 자구(字句)의 극단적인 해석, 즉 피 한 방
울 흘리지 않는 살 1파운드를 명령한다. 더구나 더하지도 덜하
지도 않은 딱 1파운드만 뗄 것을 요구한다. 자신의 요구만큼이
나 무리한 계약 조항에 무릎 꿇은 샤일록이 원금만이라도 챙기
려 하자 포샤는 한술 더 떠 베니스 시민을 해하려 한 외국인에
대한 조항을 들어 샤일록을 궁지로 내몬다. 베니스 시민을 해하
려 한 외국인의 재산을 몰수하고, 생명은 공작이 결정한다는 조
항이었다.

공작은 샤일록의 죽음을 면해주고 안토니오는 샤일록에게
위탁된 재산을 딸 제시카에게 양도한다는 계약서에 서명하도록
한다. 재산을 모두 잃고 생명만 간신히 건진 샤일록은 기독교로
개종하겠다는 약속을 하고 법정에서 물러난다.

친구의 목숨을 구해 준 법학 박사가 너무나 고마운 바사니오가 사례하고 싶어 하자 포샤는 결혼반지를 요구한다. 못내 망설이던 바사니오는 마지못해 수락하고 결혼반지를 준다. 미리 앞질러 집에서 기다리던 포샤는 돌아온 남편의 손에 반지가 없음을 추궁한다. 바사니오가 사정을 털어놓자, 포샤는 그 법학 박사가 자신이었음을 밝힌다. 바사니오와 포샤, 그라티아노와 네리사, 로렌조와 제시카, 안토니오 등 모두 행복하게 웃으면서 극이 마무리된다.

오직 한 사람 샤일록만이 불행하게 남는다. 이처럼 극의 줄거리는 의외로 단순하다. 그렇지만 내용을 자세히 들여다보면 법과 정의의 문제, 유대인 혐오의 문제, 가부장적인 제도와 결혼 문제 등이 다층적으로 짜여 있고 인물들 역시 입체적이어서 밀도 있는 독서를 요구한다. 거기에 셰익스피어 특유의 언어유희와 길이 남을 명대사 등이 어우러져 차분히 음미할 구절이 많은 것도 한몫한다.

"반짝이는 것이 다 금은 아니다. 그대는 이 말을 자주 들었으리라. 많은 사람들이 목숨을 팔았노라. 내 겉모습만 보고서. 금으로 도금한 무덤엔 구더기가 우글거리노라."

"이 은함은 불에 일곱 번 달궈졌다. 그대 판단도 일곱 번 달

귀졌다면 잘못 선택하지 않았으리."라든가 "세상 사람들은 항상 겉모습에 속는 법. 법정에서 아무리 추하고 부패한 변론이라 해도 달콤한 목소리로 치장하면 악의 모습을 감추지 않는가?" "겉모습을 보고 선택하지 않은 그대 바르고 진실하게 잘 선택했노라." 등은 포샤와의 결혼을 위해 구혼자들이 선택한 상자에 담긴 명언들이다.

이 밖에도 마음에 새기고 싶은 구절들이 많은 작품이다. 그럼에도 이미 지적한 것처럼 유대인 샤일록을 부정적으로 악마화한 점, 기독교도인들이 상대적으로 관대하게 그려졌다는 점 등은 내내 불편하게 남는다.

살레리오: 설마 그가 약속을 못 지킨다 해도 그의 살점을 떼지는 않겠지. 그래 봤자 뭐하겠나?
샤일록: 그걸로 물고기를 낚지요. 아무 소용이 없다 하더라도 내 복수심은 채워주겠죠. 그자는 날 모욕했고, 오십만 다카트나 되는 내 벌이를 방해했고, 내가 손해를 보면 기뻐 웃었고, 내가 돈을 벌면 조롱하고, 내 민족을 경멸하고, 내 사업을 방해하고, 내 친구 사이를 이간질하고, 내 적들을 부추겼소. 왜 그랬을까요?

내가 유대인이기 때문이죠. 유대인은 눈이 없나요? 유대인은 손과 장기와 육신과 감각과 감정과 격정이 없나요? 기독교인들과 똑같은 음식을 먹고, 똑같은 무기로 상처 입고, 같은 질병에 걸리고, 같은 방식으로 치료되고, 기독교인과 똑같이 여름이면 덥고 겨울이면 춥지 않습니까? 당신들이 우리를 찌르면, 우린 피가 안 납니까? 간지럼 태우면 우린 안 웃습니까? 독약을 먹이면 우린 안 죽습니까? 그리고 당신들이 우리에게 잘못을 하면, 우리들은 복수하면 안 됩니까? 나머지 것들에서 당신들과 같다면, 그 점에서도 같아야지요. 유대인이 기독교인에게 잘못을 하면, 겸손하다는 기독교인들은 어떻게 하나요? 복수하죠. 기독교인이 유대인에게 잘못하면, 아무리 참을성 있는 유대인이라도 기독교인들의 본보기를 따라 어떻게 해야 할까요? 그야, 복수해야죠! 당신들이 나에게 가르쳐 준 악행을 나도 할 거고, 어렵더라도 당신들의 가르침을 능가할 거요.

◇◇ 독서 질문

· 이 희곡에는 인종차별적인 요소가 많다. 어떤 것들이 있는가?

· 샤일록이 안토니에게 복수하려고 덧붙인 계약조건에 대해 어떻게 생각하는가?

· 샤일록에 대한 안토니오의 태도에 대해 어떻게 생각하는가?

· 안토니오가 상선으로 거액을 버는 것과 샤일록이 고리대금으로 돈을 버는 것 중 어느 쪽이 더 부도덕할까?

· 함 고르기에서 각각 함의 글귀가 의미하는 것이 무엇이라고 생각하는가?

· 포샤의 법관 사칭은 정당한가?

· 포샤의 판결에 어떠한 문제점이 있다고 생각하는가?

· 외국인에 대한 처벌 조항에 대해 어떻게 생각하는가?

· 지금은 인육 재판이 법적 구속력을 갖지 못한다. 왜 그럴까?

· 법적인 정의와 공작과 포샤가 주장하는 자비에 대해 어떻게 생각하는가?

◇◇◇ 토론 코칭

샤일록은 평소 앙심을 품었던 안토니오에게 복수하기 위해 법적 정의를 요구한다. 계약서대로 이행하라는 것이다. 샤일록의 법적 정의는 실은 법적 정의로 포장된 사적 복수심이다.

이에 대응하는 재판부의 정의(正義)는 계약 조문의 극단적 해석이다. 피는 빼고 살 1파운드만. 샤일록이 서명하게 한 계약조건에도 문제가 있지만 계약 조항이 전제하는 것이 목숨이라는 것을 모를 수 없는 상황에서 피를 흘리지 않는 살 1파운드라고 결론 내렸을 때 아무도 이의를 제기하지 않는 것도 이상하다.

일단 극이라고 전제하고 내용을 살펴보면 포샤가 법학 박사로 남장해서 재판관을 사칭하는 것은 재판이 정당하지 않다는 문제 제기가 가능한 대목이다. 게다가 샤일록이 저지른 범죄가 살인 미수라 하더라도 지은 죄에 비해 형량이 너무 가혹하다는 문제점이 있다.

전 재산을 뺏기는 것도 모자라 기독교로 개종하라는 것은 주류를 차지하고 있는 기독교인들의 사회에서 이방인에게 내려진 차별적인 판결이다. 그래서 샤일록에 대한 보복성 판결이 문제점으로 지적될 수 있겠다.

또한 한편에서는 샤일록이 안토니오를 곤경에 빠뜨리려고 한 계약조건은 애초에 살인의 의도가 있었던 계약이라는 점, 공작이 직권으로 재판을 무효로 할 수 있었음에도 적법한 절차를 거쳐 판결에 이르게 했다는 점, 법의 해석을 원칙적으로 했다는 점이 주장으로 성립될 수 있다.

따라서 주요한 쟁점은 재판의 정당성 여부가 된다. 모든 행위는 의도, 과정, 결과로 구성된다. 이 재판의 정당성도 의도, 과정, 결과로 나누어 분석하면 재미있는 토론이 될 수 있다. 이 토론의 의의는 정의와 자비의 의미를 깊이 생각해 보는 데 있다.

"

소크라테스에 대한 사형판결은 정당하다

"

『소크라테스의 변론』

플라톤

11

　『소크라테스의 변론』은 기원전 399년 아테네 민회에서 소크라테스가 자신을 변호하는 내용의 연설문이다. 소크라테스는 기원전 470/469년 아테네에서 태어나 기원전 399년 민회에서 사형판결을 받고 감옥에서 생을 마친 철학자다. 아쉽게도 소크라테스가 직접 남긴 글은 없다. 대신 제자 플라톤이 쓴 글이 남아 있다. 『소크라테스의 변론』도 그중 하나다.

　『소크라테스의 변론』은 불경죄와 청년들을 타락시킨다는 죄목으로 고발된 소크라테스가 500여 명의 배심원들과 청중들 앞에서 자신의 무죄를 변호하는 내용이다. 인류의 4대 성인 가운데 진리를 위해 순교한 분은 예수와 소크라테스 두 분이다. 플라톤이 기록한 3부작 『소크라테스의 변론』과 『크리톤』, 『파이돈』을 통해서 우리는 소크라테스의 마지막과 그의 고결한 죽음을 알 수 있다.

당시 아테네는 극심한 혼란기를 겪고 있었다. 고대 그리스 최대의 내전 펠로폰네소스 전쟁에서 져 패권국의 지위를 잃었고, 스파르타가 세운 30인의 참주 체제는 수많은 아테네 시민을 죽이고 재산을 빼앗았다. 이때 앞장선 인물 중 한 사람인 크리티아스가 소크라테스의 제자였다. 또한 펠로폰네소스 전쟁에서 스파르타를 도와 아테네를 몰락하게 한 장본인, 알키비아데스도 소크라테스의 제자였다. 알키비아데스가 스파르타로 망명해서 아테네의 내밀한 군사 정보를 넘겨주는 바람에 아테네의 시칠리아 원정대는 괴멸적 피해를 입었고 이후 아테네는 쇠퇴일로를 걸었다.

이처럼 소크라테스의 제자나 계승자를 자처하는 사람들이 초래한 제국 아테네의 몰락과 혼란상은 시민들의 가슴에 큰 상처를 안겼다. 그 때문에 소크라테스는 아테네인들에게 미운털이 단단히 박혔었다. 뿐만 아니라 당시 청년들이 소크라테스의 대화법을 흉내 내어서 시민들의 눈살을 찌푸리게 했다.

『소크라테스의 변론』은 총 3편의 연설문으로 되어 있다. 1편은 자신에 대한 고발 죄목을 조목조목 반박하는 내용, 2편은 유죄판결이 난 1차 투표 후 자신에게 합당한 형벌을 제의하는 내용, 3편은 사형판결이 확정된 후 자신의 소회를 밝힌 내용이다. 주지하다시피 죄의 유무를 판단하는 1차 투표는 220대 280으로 근소한 차이였고, 형량을 결정하는 2차 투표에서는 사형 찬성이 360, 반대가 140으로 압도적인 차이를 보였다. 재판정에서 무슨 일이 있었던 걸까? 무죄 쪽에 투표했던 사람들마저 사형 찬성이라는 모순된 투표를 한 것이다. 뭔가 심상치 않은 기운이 감지된다.

　우선 소크라테스는 자신의 죄목이 모함이거나 허위 고발이라고 주장한다. 자신은 '소크라테스보다 더 지혜로운 사람은 없다.'는 델포이 신탁의 진위를 알아보려 내로라하는 지식인들을 만나 대화했고, 그 과정에서 공개 망신을 주는 바람에 미움을 샀을 뿐 진리를 구하려는 것 외에 다른 관심은 없었다고 주장한다. 신탁의 진위를 확인하러 다닌 자신의 행위는 신탁에 대한 복종이며, 신탁에 복종했다는 것은 신을 믿는다는 증거이다. 소크라테스가 정치인, 시인, 장인들을 만나며 확인했던 것은 그들이 자신은 진리를 안다고 강하게 확신했지만 실제로는 잘 알지 못하다는 사실이었다.

　그들은 자신이 모른다는 것을 알지 못하지만, 소크라테스는 자신이 모른다는 것을 알고 있다는 점, 이 무지의 지가 소크라테스와 그들을 가르는 차이점이었고 그 차이는 하늘과 땅만큼이나 컸다. 자신들의 무지가 만천하에 까발려진 지식인들은 자신들을 공개적으로 망신시킨 소크라테스에게 앙심을 품기 시작했다.

　아테나이인 여러분! 말하자면 나는 그와 대화해보고 그가 많은 사람에게 지혜롭다고 여겨지고 특히 그 자신이 스스로를 지혜롭다고 여기지만 사실은 지혜롭지 못하다는 인상을 받았습니다. 그래서 나는 그가 지혜롭다고 여겨질 뿐 사실은 지혜롭지 못하다는 것을 그에게 보여주려 했습니다. 그 결과 나는 그 사람에게 그리고 그 자리에 있던 많은 사람에게 미움을 샀습니다. 하지만 나는 그곳을 떠나며 마음속으로 생각했습니다. '저 사람보다는 분명 내가 더 지혜롭네. 둘 다 남에게 내세울 만한 것이라곤 아무것도 알지 못해도, 그는 자기가 알지 못하는 것을 안다고 생각하는 반면 나는 모르는 것은 모른다고 생각하니까. 아무튼 그 차이가 아주 작긴 하지만, 나는 내가 모른다는 것을

안다고 생각하지 않는 만큼은 저 사람보다 더 지혜로운 것 같아.'

그 뒤 나는 더 지혜롭다는 다른 사람과 면담하러 갔고, 이번에도 똑같은 인상을 받았습니다.

그리고 거기서도 그 사람과 다른 많은 사람에게 미움을 샀지요.

또한 자신은 누구를 가르친 적이 없으므로 고발인들의 주장처럼 청년들을 타락시킬 수가 없다고 말한다. 소크라테스는 멜레토스에게 자신이 청년들을 타락시킨 사람이라면 반대로 청년들을 훌륭하게 만드는 사람이 누구냐고 질문한다. 멜레토스는 소크라테스를 제외한 '모든 사람과 법률'이라는 어이없는 답을 내놓는다. 소크라테스를 고발한 죄목이 억지 주장이라는 사실을 자인한 꼴이다.

소크라테스를 제외한 모든 사람이 아테네 청년들을 훌륭하게 만드는데 어떻게 아테네 청년들이 타락할 수 있겠는가? 그러나 이미 배심원들은 소크라테스가 유죄라고 확신하는 분위기였다. 어차피 괘씸죄로 여론 재판을 받는 상황이라 막상 어떤 논리도 통하지 않은 것이다. 차라리 고성과 야유가 오가는 떠들썩한 재판정에서는 논리보다 감성에 호소하는 것이 위기를 모면하는 방법이 될 테지만 죽음도 두려워하지 않는 소크라테스는 아랑곳하지 않고 시종일관 당당하고 훈계조다. 이것이 시민들을 불필요하게 자극해 유죄판결과 사형판결로 이어진 것이다.

사정이 이러한데도 소크라테스는 소신을 굽히지 않고 무죄방면이 되더라도 여전히 진리를 탐구하는 일을 계속할 거라면서 염장을 지른다. 재판정에서 죽음이 두려워 선처를 호소하고 가족과 친지들을 동원하여 목숨을 구걸하는 것은 자기 삶의 원칙이나 평생 추구했던 진리에 어긋난다고 믿어서다. 죽음이 어떤 것인지 알지 못하는데 죽음을 두려워할 수는 없지 않은가. 오히려 한술 더 떠 자신은 국가 유공자급의 대우를 받아야 한다고 주장한다. 혈통 좋고 덩치가 크지만 덩치 때문에 굼뜬 말에게 등에처럼 자극이 필요하듯이, 커다란 제국이지만 진리를 구하는 일에 게으른 아테네인들을 일깨워 줄 자기 같은 사람이 필요하다는 이유에서다.

"성찰하지 않는 삶은 살 가치가 없다"며 훗날 자기 아들들이 영혼을 구하는 일에 관심을 두는 대신 돈, 명성 따위에 관심을 보이면, 자신이 아테네인들을 꾸짖듯이 아테네인들에게 자기 자식들을 꾸짖어 달라고 부탁하기도 한다. 일생 동안 올바른 삶에 대해 탐구하며 보낸 철학자의 소신과 진정성이 묻어나는 문장들은 소크라테스가 왜 인류의 스승인지를 보여준다. 인간의 진면목은 죽음 앞에서 드러나는 법이다. 죽음도 두려워하지 않는 사람의 언행은 진심 그 자체이기 때문이다. 그리하여 사상범으로 재판을 받아 사형당한 소크라테스의 문장은 후대에 남고, 소크라테스를 사형시킨 아테네인들의 행위는 이후 사람들의 유죄판결을 받게 된다.

내가 돌아다니며 하는 일이라곤 노소를 막론하고 여러분의 몸과 재산이 아니라, 여러분 혼의 최선의 상태에 관심을 쏟는 것을 최우선으로 생각하도록 여러분을 설득하는 것이 전부이니까요. 그러면서 나는 "재산에서는 미덕이 생기지 않지만, 미덕에서는 재산과 그 밖에 사적인 것이든 공적인 것이든 사람에게 좋은 모든 것이 생겨납니다."라고 말합니다. 이런 말로 젊은이들을 타락시킨다면, 내 조언은 해로운 것이겠지요. 그러나 내가 그와 다른 조언을 한다고 주장하는 사람이 있다면, 그는 허튼소리를 하는 것입니다. 아테나이인 여러분, 여러분께 말씀드립니다. "여러분은 이 점을 고려하여 아뉘토스의 말을 따르든지 말든지, 나를 무죄방면하든지 말든지 하십시오. 아무튼 나는 몇 번이고 죽는 한이 있어도 내 태도를 바꾸지 않을 것입니다."

자신이 모르고 있다는 사실을 아는 순간부터 진정한 지혜가 시작되는 법이다. 그렇게 해서 획득한 앎을 자신의 삶으로 옮기려 했던 소크라테스는 진리를 위해 순교한 인류 최초의 스승이 되었다. 또한 습관적, 타성적으로 사고하는 당대 사람들에게 이성의 힘으로 궁극의 진리를 탐구하도록 지적 자극을 주는 소크라테스의 문답법은 여전히 우리에게도 유효하다.

내가 아는 것이 진정 아는 것인지, 내가 표면적인 것을 넘어서 영원히 변하지 않는 것에 관심을 기울이는지, 영혼을 채우는 일에 게으른 건 아닌지, 우리도 곰곰이 생각해 볼 일이다.

◇◇ 독서 질문

- 소크라테스가 아테네 법정에 고발된 죄목 2가지는 무엇인가?

- 고발 죄목이 타당하다고 생각하는가?

- 소크라테스가 소위 지혜롭다는 정치가, 시인들, 장인들을 만나 대화한 후 알게 된 사실이 무엇이라고 말하는가?

- 당시 정치체제인 민주주의가 소크라테스에게 사형 판결을 내리는 데 영향을 미쳤다고 생각하는가?

- 소크라테스는 아리스토파네스의 희극에 자신이 소피스트로 묘사되어 있음을 설명하면서 자신에 대한 사람들의 오해를 불식시키기 힘들다고 주장한다. 자신이 아테네 시민들에게 미움을 산 이유가 무엇이라고 주장하는가?

- 소크라테스가 사형 대신 자신에게 국가 영웅 대접을 해야 한다는 주장에 대해 어떻게 생각하는가?

- 소크라테스가 주장한 영혼을 채우는 일에는 어떤 것들이 있을까?

- "성찰하지 않는 삶은 살 가치가 없다"는 말의 뜻은 무엇일까?

- 소크라테스에 대한 유무죄 판단(280:220)과 사형 판결(360:140)의 결과가 의미하는 것이 무엇이라고 생각하는가?

- 민주주의가 중우정치로 빠지지 않게 하기 위해 필요한 것은 무엇이라고 생각하는가?

- 소크라테스 재판에서 공정하지 않은 점이 있다고 생각하는가?

◇◇◇ 토론코칭

    이 토론의 목표는 소크라테스에 대한 판결의 정당성 여부를 살피면서 민주주의와 시민의식을 고찰하기 위함이다. 『소크라테스의 변론』 토론에서는 소크라테스에 대한 고발이 여론몰이에 따른 부당한 고발인지, 아니면 아테네 시민들로서는 충분히 납득할 만한 논리적 정합성이 있었는지, 당시 아테네 배심원들이 내린 판결과 형량이 적절한지, 흥분한 군중들의 어리석은 판단이었는지에 대해 사전지식이 어느 정도 필요하다. 재판의 정당성과 판결의 정당성 여부가 쟁점이 되기 때문이다.

    당시 사회상을 종합해 보면, 재판 자체가 괘씸죄로 기소된 어이없는 여론 재판이라는 입장과 소크라테스의 영향력을 고려했을 때 공동체의 이익을 위해 어쩔 수 없었다는 입장이 대립할 수 있다. 또한 벌금형이나 추방형 대신 굳이 사형을 판결한 점도 논란의 여지가 있다. 소크라테스의 지인들이 제공하려고 했던 30므나의 벌금형이라는 선택지가 있었기 때문이다. 재판정의 분위기를 텍스트 안에서 유추해 보는 것도 재미있는 토론거리이다. 소크라테스에 대한 사형판결이 이성적인 판단보다 현장에서 분위기에 휩쓸려 결정되었다는 점을 짐작할 수 있어서다. 멜레토스의 고발과 소크라테스의 반박을 입체적으로 재구성하면서 소크라테스의 산파술을 따라가면 토론을 통해 진리에 도달하려고 했던 방법론도 덤으로 익히게 된다.

　고대 그리스의 직접 민주주의는 데모스라고 불리는 10개의 부족에서 대표로 뽑힌 500여 명의 배심원들이나 민회에서 시민들이 국가의 중대사를 투표로 결정하는 것을 　의미한다. 시민들은 찬반 토론 등의 치열한 논의를 거쳐서 다수결로 결정했다. 소크라테스는 2차례에 걸친 투표에서 다수결의 원칙에 의해 유죄와 사형판결을 받았다.

　소크라테스에게 좀 더 우호적이었던 1차 투표와 달리 2차 투표에서는 사형이 결정되었다. 그건 이미 언급한 것처럼 재판정에서의 피고발인의 태도와 직접 연관이 있어 보인다. 피고인의 언행이 재판 결과에 영향을 주기 때문이다. 단 한 번의 재판으로 유무죄와 형량을 결정하기 때문에 최대한 배심원들의 심기를 거슬리지 않아야 자신에게 유리할 텐데 소크라테스는 전혀 개의치 않고 직설적으로 거침없이 말했다. 이러한 태도가 감정적인 판결을 유도했으리라고 짐작된다.

소크라테스의 이러한 자세는 부당한 공권력에 맞서는 '시민불복종'의 사례로 볼 수 있다. 변론 중에 소크라테스가 언급한 두 가지 사례도 평소 소신에 따라 행동한 시민불복종의 예시였다.

기원전 406년 펠로폰네소스 전쟁 당시, 아테네 해군이 아르기누사이 전투에서 승리했을 때, 전사자들의 시신을 수습하지 못하고 돌아온 장군들을 성난 군중들이 한꺼번에 기소해서 사형판결을 내린 일이 있었다. 망명자를 제외하고 6명 모두 사형을 받았다. 그 위원회에서 소크라테스만 유일하게 사형에 반대했다.

그 재판은 개별 재판 원칙을 무시하고 합동으로 진행됐고 흥분한 군중들이 내린 성급한 결정으로 아까운 군 수뇌부가 몰살당한 참변이었다. 이후 아테네는 번번이 전투에서 패했고 결국 펠로폰네소스 전쟁에서 졌다.

후일 아테네 시민들은 이 일을 후회했다. 또한 30인 참주정 시절, 소크라테스는 살라미스로 가서 레온을 체포하도록 파견됐을 때, 혼자 불복하고 집으로 돌아갔다. 만약 과두정이 무너지지 않았다면 소크라테스는 처형됐을 것이다.

두 가지 사례 모두 시민들의 다수결 원칙으로 결정된 일이었다. 그러므로 민주정(30인 참주정은 과두정이다.)의 다수결 원칙이 최선의 결정에 이르지 못하고 최악의 선택이 될 수 있다는 점도 잊지 말아야 한다. 다른 모든 정치제도와 마찬가지로 민주주의도 최선의 제도는 아니다. 민주주의를 운용하는 시민들 각각의 건전한 비판의식과 개개인의 교양 정도에 의존하기 때문이다.

위 사례들은 소크라테스의 판단이 옳았음을 입증한 일이었다. 그래서 소크라테스는 아테네 시민들에게 냉철한 판단을 하도록 일종의 경고를 보냈던 것이다. 지금 소크라테스를 처형한 일이 후에 잘못한 일로 판명될 수 있다는 뜻이고 냉정한 이성의 힘으로 판단하지 않고 감정적으로 결정한 일은 후회를 부를 수 있다는 뜻이었다. 이러한 소크라테스의 경고에도 아테네 시민들은 강경했다. 이미 선동된 군중들은 이성의 능력을 상실하기 마련이다.

건강한 토론을 통해 최선의 합의에 도달할 때 민주주의는 집단지성의 효과를 내지만, 선동된 흥분한 군중이 다수의 힘으로 폭주할 때 중우정치로 전락하고 만다는 점을 아테네 시민들은 유감없이 보여준다.

"
소크라테스는
탈옥해야 한다
"

『크리톤』

플라톤

12

『크리톤』은 기원전 399년 소크라테스의 사형 집행 직전 죽마
고우 크리톤이 탈옥을 권유하는 내용이다. 이에 소크라테스는
탈옥의 부당함과 올바른 삶에 관해 이야기한다. 이 작품은 『소
크라테스의 변론』 이후의 이야기다. 자기변호를 위한 연설문이
었던 『소크라테스의 변론』과 달리 크리톤과 소크라테스의 대화
로 구성된 『크리톤』은 상대와의 대화를 통해 진리를 도출하는
소크라테스의 산파술을 직접 경험할 수 있다.

소크라테스의 다른 대화편에서처럼 소크라테스와 크리톤은
팽팽한 논리 대결을 펼친다. 그러나 결국 논리 대결에서 한 수

아래인 크리톤이 소크라테스의 논리를 받아들여 자신의 주장을 철회하게 된다.

크리톤은 자신이 소크라테스를 구할 수 있었음에도 구하지 않으면 친구보다 돈을 더 아끼느라 구하지 않았다는 대중의 비난을 받을 거라며 탈옥을 권한다. 탈옥과 망명 생활을 도와줄 친구들이 대기 중이라면서 자유로운 몸이 될 수 있는데 자기 자신을 버리는 것은 옳지 않다고 주장한다. 그러면서 '이번 사형 판결은 대중에게 좋지 않은 평판을 받은 사람에게 내려진 최악의 재앙'이므로 피하는 것이 정당하다고 말한다.

또한 아버지를 잃을 어린 자식들을 생각하라며 자식을 낳았으면 책임을 져야 한다고 말한다. 친구를 위해 재산상의 손실도 감당하겠다고 하는 크리톤의 간곡한 제안은 이기심이 만연한 각박한 세상에서 보기 드문 진정한 우정을 느끼게 한다. 두 번 다시 얻을 수 없는 친구를 잃고 싶지 않다면서 탈옥 이후의 모든 후폭풍은 염려 말고, 탈출해서 목숨을 건지라는 크리톤의 애정 어린 호소는 절절하고 감동적이다.

이에 대해 소크라테스는 크리톤이 제안한 탈옥이 정당한지 아닌지부터 따져보자고 한다. 만약 탈옥하려고 하는데 국법과 공동체가 다가와 왜 국법을 파괴하려 하는지, 국법을 파괴하면 공동체가 유지될 수 있는지 묻는다면 어떻게 대답해야 할지 반문한다.

소크라테스는 자신이 전쟁 때 잠시 아테네를 떠난 것을 제외하면 아테네를 떠날 수 있었는데도 평생 아테네를 떠나지 않은 것은 국법을 준수하겠다는 서약을 전제하는 것이라고 주장한다. 어떤 법은 입맛에 맞다고 지키고, 어떤 법은 맘에 들지 않다고 지키지 않는 것은 국가를 해치는 일이며 언제나 정의와 올바름을 추구했던 자기 삶의 원칙에 위배되는 행동이라고 말한다. 아울러 그렇게 탈옥을 해서 망명하면 자신의 체면이 어떻게 될지 생각해 보라며 자신은 어떤 경우에도 옳지 않은 행동은 할수 없다고 단호하게 말한다.

소크라테스는 크리톤에게 설령 국법이 부당하더라도 지키는 것이 옳다고 주장한다. 주인이 노예와 대등하지 않고 부모가 자녀와 대등하지 않듯 개인은 국가와 대등하지 않다는 논리다. 따라서 조국이 시키는 거라면 뭐든 해야 하며 조국이 내리는 벌은 어떠한 것이든 참고 견딜 수 있어야 한다고 말한다.

이 대화편을 오해한 사람들이 소크라테스가 "악법도 법이다."라고 주장했다고 하는 것 같다. 그러나 소크라테스가 그런 말을 했다는 기록은 없다고 한다.

인간의 삶은 단 한 번뿐이다. 그래서 자신의 삶이 의미 있기 (잘 살기)를 소망한다. 그것을 위한 기준이나 원칙이 그 사람의 신념이자 가치이다. 소크라테스는 진리를 추구했던 삶의 원칙에서 벗어나는 것을 죽음보다 더 두려워했다. 다른 사람에게는 올바른 삶을 살라고 강조했던 자신이 스스로 옳지 않은 행동을 하는 것을 용납할 수 없었기 때문이다.

일반 대중들이 원칙 없이 그때그때의 상황에 따라 쉽사리 말을 바꾸거나 내로남불식 행태를 보이는 것에 대해 완강히 반대하면서 원칙 있는 삶을 고집했던 소크라테스. 그가 충분히 가능할 수 있었던 탈옥을 마다한 이유는 그냥 사는 것이 아니라 잘 사는 것이 중요하다고 믿었기 때문이다.

여기서 잘 산다는 것은 올바르게 사는 것을 의미한다. 그에게 올바른 삶은 그 자체로 아름답고 선한 일이었다.

사마천은 『사기』에서 깃털처럼 가벼운 죽음과 태산같이 무거운 죽음을 말했다. 무거운 죽음으로 완성된 소크라테스의 삶과 그가 지켜내고자 했던 삶의 원칙에 대해 깊이 생각해 보자. 토론으로 진리를 추구했던 소크라테스처럼 우리도 토론을 통해 올바른 길을 찾아낼 수 있기를 희망하면서.

소크라테스: 몸이 망가져 쓰지 못하게 되면 우리의 삶은 살 만한 가치가 있을까?

크리톤: 전혀 없을 테지.

소크라테스: 그렇다면 불의한 행위에 의해 탈이 나고 정의로운 행위에 의해 덕을 보는 그 부분이 망가졌다면 우리 삶은 살 만한 가치가 있을까? 아니면 우리는 그게 우리의 어떤 부분이건 정의와 불의에 관련된 부분이 몸보다 열등하다고 생각하는가?

크리톤: 전혀 그렇지 않네.

소크라테스: 그렇다면 더 소중한 것일까?

크리톤: 훨씬 더 소중한 것이지.

소크라테스: 그렇다면 여보게, 우리는 대중이 우리를 두고 뭐라고 하든 거기에 크게 신경 쓰지 말고, 정의와 불의의 전문가인 사람과 진리 자체가 말하는 것에 유념해야 할 것이네. 따라서 우선 정의와 미와 선과 그 반대되는 것들과 관련해서 우리가 대중의 의견에 유념해야 한다는 자네의 제의는 옳지 못한 것 같네. 누군가는 "하지만 대중은 우리를 사형에 처할 수 있어."라며

항의할 수 있겠지.

크리톤: 그 또한 분명해. 그렇게 말할 수 있을 테니까, 소크라테스.

소크라테스: 자네 말이 옳아. 하지만 여보게, 우리가 방금 검토해 본 주장은 내가 보기에 여전히 타당한 듯하네. 그리고 가장 중요한 것은 사는 것이 아니라 잘 사는 것이라는 주장도 여전히 타당한지 아닌지 고찰해주게.

크리톤: 여전히 타당하네.

소크라테스: 잘 사는 것은 아름답고 올바르게 사는 것과 같은 것이라는 주장도 여전히 타당한가, 아니면 타당하지 않은가?

크리톤: 여전히 타당하네.

◇◇ 독서 질문

- 크리톤이 소크라테스를 탈옥시키지 않았을 경우 염려했던 것들은 무엇인가?

- 소크라테스가 크리톤의 제안을 거절한 이유는 무엇인가?

- 소크라테스가 국법을 지켜야 한다고 생각한 근거는 무엇인가?

- 소크라테스가 말한 코뤼반테스들의 귀에 들리는 피리 소리와 같이 마음속에서 들리는 신의 음성 같은 것을 우리는 무엇이라고 부르는가?

- 소크라테스가 국법을 어겨 탈옥하면 얻게 될 오명이 무엇이라고 주장하는가?

- 탈옥을 거부하는 소크라테스의 주장에 동의하는가?

- "중요한 것은 그냥 사는 것이 아니라 잘 사는 것"의 의미가 무엇이라고 생각하는가?

- 탈옥을 해서 후일을 기약할 경우 어떤 좋은 점이 있을까?

- 만약 나라면 탈옥했을까?

- 나에게 '잘 산다는 것'의 의미는 무엇인가?

◇◇◇ 토론 코칭

『크리톤』 속 소크라테스는 『소크라테스의 변론』에서의 그와 사뭇 다르다. 배심원들 앞에서 자신의 죄 없음을 강한 어조로 항변하던 모습은 온데간데없고 국법이 부당하더라도 복종해야 한다고 주장하기 때문이다. 그는 사형선고에 불복해서 탈옥하는 것은 올바르지 않다고 말한다.

개인이 합법적 판결에 불복할 경우 국가라는 공동체에 끼치는 해악이 크기 때문에 탈옥을 할 수 없다는 논리다. '시민 복종'으로 이해되는 이러한 주장은 공공의 이익을 위해서 개인의 불이익을 감수해야 한다는 주장이다. 국가가 소크라테스에게 유죄판결을 내린 것은 정당하지 않다 하더라도 아테네에 살고 있는 한 아테네의 법을 내 입맛에 맞게 취사선택할 수 없다는 것이다. 국가의 통치는 법을 기반으로 유지되므로 법에 복종하는 것은 시민의 의무라고 생각하는 것이다.

과연 이러한 생각이 타당한지 따져보는 토론이다.

소크라테스는 스스로 이성의 힘으로 양심의 원칙을 따지며 사는 사람이었다. 그래서 얼핏 모순처럼 보이는 그의 상반된 두 가지

입장이 실은 다른 모습이 아니다. 그는 설령 죽는 한이 있을지라도 악을 행하지 않고 진리를 고수하겠다는 입장에서 양극단을 오간 것뿐이다. 그가 무엇을 하려고 할 때마다 코뤼반테스의 피리처럼 귀에서 울린다는 소리는 스스로 입법자가 되어 원칙을 세우는 모습을 의미한다. 그는 무엇을 하라는 음성보다 하지 말라는 음성이(양심의 소리) 자주 들린다고 말한다.

우리도 늘 경험하지 않는가? 남과 더불어 살아야 하는 세상에서는 해야 하는 일보다 해서는 안 되는 일이 많은 법이다. 유대인들의 율법 613가지 조항도 금지조항이 365가지, 허용 조항이 248가지이다. 비록 불의한 판결일망정 그것을 어길 때 생기는 해악이 크고 정의를 추구했던 자기 삶의 원칙에 위배되면 단호히 불의의 편에 서지 않는 것이 소크라테스의 모습이다. 그래서 아르기누사이 전투에서 승리하고도 처형당하는 장군들을 옹호했고, 레온의 연행에 홀로 저항했던 것이다.

우리는 소크라테스의 대화편을 통해서 어느 것이 올바르고 정의로운가를 스스로 생각하고 실천하려는 태도, 오직 진리만을 바라보는 태도를 배울 수 있다. 이해관계나 상황에 따라 편리하게 진리와 정의를 들먹이는 사람들에 비해 소크라테스는 한결같이 올바름(正義)을 고찰했고 자신의 앎을 삶에서 실천하려 했다. 이러한 지행일치의 태도는 소피스트들의 상대주의적 태도에 맞서 이데아를 추구한 삶의 태도를 견지하게 한 원칙이었다.

따라서 소크라테스의 논리와 크리톤의 논리를 종합해 보면 공권력이 부당할지라도 공공의 이익을 지켜야 한다는 주장과 부당한 공권력에는 불복하는 것이 오히려 정당하다는 주장이 성립하고 이것이 바로 이 토론의 쟁점이 된다.

결국 어떤 것이 더 정의롭고 올바른가의 문제이다. 쉽지 않은 문제다. 『크리톤』의 토론은 어느 면에서 역대 가장 치열한 토론이 될 수 있다. 사람마다 정의의 기준이 다르기 때문이다. 그리고 그 다름 안에서 토론을 통해서 합의에 이르는 것이 공동체의 책무이다. 이 토론은 그러한 과정을 익히는 토론이다.

> "
> 오빠의 장례를 치른
> 안티고네의 행동은
> 정당하다
> "

『안티고네』

소포클레스

13

『안티고네』는 소포클레스의 '오이디푸스왕 비극' 3부작 중 마지막 작품이다.

오이디푸스는 테베의 왕자로 태어났지만 친아버지를 죽이고 어머니와 결혼한다는 신탁을 받는다. 이에 친부 라이오스는 아이의 발에 구멍을 내 가죽으로 묶은 후(오이디푸스는 부은 발이라는 뜻이다.) 목동에게 살해를 명한다. 차마 아이를 죽일 수 없었던 목동에 의해 이웃 나라 코린토스로 입양된 오이디푸스는 코린토스의 왕자로 성장한다. 어느 날, 자신에게 내려진 신탁의 내용을 알게 된 오이디푸스는 운명을 피하기 위해(자신이 코린토스

왕자인 줄로만 알았으니까) 코린토스를 떠난다. 오이디푸스는 테베로 가는 삼거리에서 시비가 붙어 한 노인을 살해하고 테베의 우환이던 스핑크스의 문제까지 푼다. 마침 왕이 죽어 자리가 비어 있던 테베의 왕위에 추대되고 과부가 된 왕비와 결혼까지 한 오이디푸스는 2남 2녀를 낳고 행복하게 산다.

그런데 갑자기 테베에 역병이 돌자 왕은 신탁을 청한다. 신탁은 선왕의 살해범을 찾아 벌을 내려야 재앙이 멈춘다는 내용이었다. 범인을 쫓던 오이디푸스는 자신이 그 살해범이라는 사실을 알고 절망한다. 모든 진실을 알게 된 후, 왕비 이오카스테는 자살하고 자신은 어머니와 아버지를 보고도 몰라봤던 눈을 스스로 찔러 장님이 된다.

오이디푸스는 어머니이자 아내인 이오카스테의 장례와 아이들을 처남 크레온에게 부탁하고 안티고네와 함께 길을 떠난다. 그런데 해마다 번갈아 가며 나라를 다스리기로 합의한 후 왕위를 계승한 동생 에테오클레스가 왕위를 내놓지 않자 형 폴뤼네이케스는 아르고스의 군대를 이끌고 조국 테베를 치러 온다. 두 형제는 맞붙어 싸우다가 서로 찔러 죽인다.

왕위는 삼촌 크레온에게 넘어간다. 크레온은 나라를 지키다 전사한 에테오클레스에게는 정중하게 장례를 치러줄 것을 명하지만, 폴뤼네이케스의 시신은 배신자의 말로답게 들짐승과 새의 먹이가 되도록 방치하라는 명령을 내린다. 이를 어기면 국법에 의해 사형을 당하게 된다. 여기에서부터 『안티고네』의 이야기는 시작된다.

안티고네는 자매 이스메네에게 폴뤼네이케스의 시신을 함께 수습하자고 한다. 이스메네는 국법을 어길 수 없다며 안티고네도 손 떼라고 충고한다. 안티고네는 국법이라 하더라도 가족의 장례는 인륜이고 신들의 질서에 속하므로 아무도 막을 수 없다며 혼자서라도 장례를 치르겠다고 한다. 이스메네는 여자는 무력해서 남자의 지배를 받을 수밖에 없고, 통치자가 금지하는 일을 하는 것은 불가능하고 분별없는 행동이라고 맞선다.

결국 홀로 폴리네이케스의 시신을 수습하던 안티고네는 파수꾼에 의해 발각되고 크레온은 격노한다. 크레온이 안티고네에게 국가의 안녕을 위한 실정법의 가치를 설파하자 안티고네는 실정법을 넘어서는 영원불변의 보편적인 자연법을 두둔하면서 옳은 일을 위해서는 죽음도 두렵지 않다며 팽팽히 맞선다. 분노한 크레온은 안티고네를 처형하려고 동굴 감옥에 가둔다.

크레온: 너는 내게 말해라, 길게 말고 간단하게. 이 짓을 금하노라 포고한 걸 알고 있었느냐?

안티고네: 그래요. 어떻게 모를 리 있겠습니까? 분명했으니 말이에요.

크레온: 그런데도 감히 이 법령을 위반했단 말이냐?

안티고네: 제가 보기에 이것을 명하신 이는 제우스가 아니며, 하계의 신들과 함께 사시는 정의의 여신께서도 인간들에게 그와 같은 법은 정하지 않으셨으니까요. 그리고 저는 당신의 포고가 그만큼 강력하다고 생각지도 않아요. 기록되진 않았지만 확고한 신들의 법을 필멸의 존재가 넘어설 수는 없지요.

(...)

크레온: 너는 부끄럽지 않느냐, 이 사람들과 다른 생각을 품고서도?

안티고네: 한 배에서 나온 이들을 존중하는 일은 전혀 수치스러운 일이 아니니까요.

크레온: 그와 맞서다 죽은 이도 너와 같은 핏줄이 아니더냐?

안티고네: 한 어머니와 같은 아버지에게서 나온 혈육이지요.

크레온: 그러면 대체 왜 저이에게는 불경스럽게 보일 것을

감사랍시고 바치느냐?

안티고네: 죽은 시신은 이 일에 신경 쓰지 않을 거예요.

크레온: 네가 그를 불경스러운 자와 대등하게 대접하는데도 말이냐?

안티고네: 그분은 노예가 아니라 형제로서 죽었어요.

크레온: 이 땅을 파괴하다가 그랬지. 다른 이는 이 땅을 위해 싸우다가 그랬고.

안티고네: 하지만 하데스는 그들을 동등하게 대할 것을 요구합니다.

크레온: 아니, 이익을 주는 이가 사악한 자와 같은 몫을 받을 수는 없다.

안티고네: 저승에서는 이것이 합당한 일이 될는지 누가 아나요?

크레온: 원수는 절대로, 죽었다 해도 친구가 될 수 없다.

안티고네: 저는 모두 미워하기보다는 모두 사랑하게끔 타고났어요.

안티고네의 약혼자이자 크레온의 아들 하이몬은 아버지의 마음을 돌리기 위해 애를 쓴다. 그러나 통치자가 법을 쉽게 바꾸면 국가의 기강이 서지 않는다고 생각한 크레온은 완강하게 거절한다. 예언자 테이레시아스까지 나서서 신들의 질서를 인간이 어기는 것은 온당하지 않다며 크레온에게 충고하자 크레온도 마음을 바꿔 안티고네를 석방하기로 결심한다. 하지만 크레온이 지하 동굴에 도착했을 때 이미 안티고네는 목을 매 자살한 후였다. 하이몬은 아버지를 원망하며 크레온에게 칼을 겨누다 실패한 끝에 자결한다.

깊은 슬픔에 빠져 집으로 돌아오는 크레온에게 또 하나의 비극이 기다리고 있었다. 아들의 죽음을 전해 들은 하이몬의 엄마이자 크레온의 아내인 에우리디케의 죽음이었다. 아테네 시민들은 크레온과 이스메네를 제외한 모든 주인공의 죽음으로 끝나는 『안티고네』에서 인간의 불완전성에 대해 사유했다. 불완전한 인간의 선택이 가져오는 비극적 결말을 통해 독선의 위험성과 교만(휴브리스)에 대한 경계심을 배웠다.

국가의 정의와 개인의 정의가 충돌할 때 어떻게 해야 할까? 통치자의 법이 피지배자의 상식과 어긋날 때 어떤 행동이 올바른 행동일까? 『안티고네』는 인간이 공동체 안에서 살아가는 한 언제나 마주치게 되는 딜레마를 다루고 있다.

개인과 공동체의 가치가 충돌할 때 어떤 기준으로 선택할 것인지에 대한 대답이다.

◇◇ 독서 질문

- 크레온은 왜 폴리네이케스의 장례를 금지하는 포고령을 내렸는가?

- 이스메네가 오빠의 장례를 같이 치르기를 거절한 이유에 동의하는가?

- 크레온이 국법 수호를 명분으로 포고령에 대해 고집부리는 것은
  정당한가?

- 안티고네는 오빠의 장례를 치르는 이유에 대해 "저는 서로 미워하기
  위해서가 아니라 서로 사랑하기 위해서 태어났어요."라고 주장한다.
  동의하는가?

- 하이몬이 크레온에게 포고령을 철회할 것을 요구한 까닭은 무엇인가?

- 안티고네의 자살에 대해 어떻게 생각하는가?

- 안티고네의 자살에 충격받은 하이몬은 어떻게 행동했는가? 하이몬의
  행동은 정당한가?

- 실정법의 강제성과 자연법의 강제성은 어떻게 다른가?

- 개인의 양심과 공동체의 이익이 충돌할 때 어떻게 행동하는 것이
  옳을까? (예를 들면 양심적 병역거부 등)

- 안티고네가 국법을 어기고 오빠의 장례를 치른 행동은 정당한가?

◇◇◇ 토론코칭

『안티고네』의 토론은 국가의 정의와 개인의 정의가 충돌할 때 어느 것을 우선해야 하는가의 문제이다. 국가는 공공의 이익을 위한 법률을 제정하고 모두가 이를 지킴으로써 유지된다. 그리고 이 모든 법 위에 국가의 안녕을 위한 법이 있다. 국가를 잃은 난민들은 최소한의 인간적인 생활도 누리지 못하는 비참한 신세가 된다. 그래서 국가는 자국의 영토와 시민을 지키기 위한 실정법을 만들어 지키게 한다. 공동체에 이익을 가져다주는 사람에게는 걸맞게 보상하고 공동체에 해악을 끼치는 사람에게는 합당한 벌을 내리는 게 국가의 정의다.

국가를 통치하는 크레온에게 나라를 지키다 전사한 에테오클레스는 아군이지만, 외부의 적을 끌어들여 동포를 죽이고 신전을 파괴하고 시민들을 노예로 삼으려 한 폴리네이케스는 용서할 수 없는 반역자다. 따라서 크레온은 에테오클레스에게는 후한 장례식을, 폴리네이케스에게는 들짐승이 시신을 파먹게 놔두라는 포고령을 내렸다.

고대 그리스에서는 죽은 자의 시신을 들짐승이 먹게 내버려

두면 신에게 큰 불경을 저지르는 것으로 생각했다. 그녀가 오빠의 시신에 흙을 뿌리는 행동은 들짐승들이 파먹지 않게 하려는 것이다. 안티고네는 신들의 정의에 따른 행동을 함으로써 국가의 정의에 맞선다. 그녀는 "저는 서로 미워하기 위해서가 아니라 서로 사랑하기 위해서 태어났어요."라며 자기 행동을 정당화한다. '자신의 양심에 따라 자유롭게 행동하라'는 신들의 명령을 따른 것이다.

안티고네는 인간으로서의 도리를 지키려고 노력한다. 그래서 그녀는 장님이 된 아버지를 모시고 방랑길에 오르고, 죽은 오빠의 장례식을 혼자서라도 치르려고 하는 것이다. 아버지 어머니가 돌아가셨기 때문에 형제자매는 다시 얻을 수 없다. 안티고네는 무슨 일이 있어도 오빠를 욕되게 둘 수 없었다. 문제는 안티고네가 오빠를 매장하는 것은 아군과 적군의 구별을 무디게 해 공동체의 가치를 훼손한다는 사실이다.

애국과 반역의 경계가 사라지면 어떻게 국가를 지켜낼 수 있겠는가? 자신에게 최선인 양심에 따르는 선택이 다른 사람에게도 최선일까?

안티고네는 국가의 정의가 개인의 정의에 우선한다는

이데올로기에 맞서서 불복종과 자살로 항거한다. 텍스트에서 코로스가 언급한 것처럼 인간보다 놀라운 존재는 없다. 인간은 땅, 바다뿐만 아니라 자신의 운명까지도 지배할 수 있는 고귀한 존재다. 안티고네는 자신의 신념을 실천하기 위해서 목숨도 아까워하지 않았다. 스스로 목숨을 끊어 국법에 저항한 안티고네는 정의의 화신이다.

『안티고네』를 관람하는 아테네인들은 팽팽히 맞서는 서로 다른 정의(正義)에 대해 치열하게 논쟁하면서 시민으로서의 임무와 도덕을 성찰하고 민주시민으로서의 역량을 키웠다.

『안티고네』를 '실정법은 자연법에 우선한다.'와 '오빠를 장례 치른 안티고네의 행동은 정당하다.' 두 가지 논제로 토론해 보았다. 학생마다 편차는 있지만 대체로 '실정법은 자연법에 우선한다.'는 논제를 더 어려워했다. 추상화된 논제가 함의하는 내용이 명료하게 잡히지 않기 때문인 것 같다. 논제는 상황에 따라 코치가 선택하는 것이 좋을 듯하다. 어느 논제로 하든 쟁점은 어느 것이 더 옳은가(정당한가)의 문제이다. 즉 실정법의 정의(正義)와 자연법의 정의의 충돌이다.

국법은 시대와 상황에 따라 가변적이어서 공동체의 최선을 지향한다는 논리와 자연법은 인류 보편의 법칙이어서 절대적 진리라는 논리가 충돌한다. 공동체의 이익과 개인의 양심 중 어느 것이 더 중요한가에 대해 한 학생이 "개인의 양심은 개개인에게 바람직한 도덕률일 수 있으나 사회 전체의 문제를 해결할 수는 없다"는 니부어의 말을 인용하면서 반대쪽을 옹호했다.

개인의 도덕과 국가의 정의는 선량한 사람들이 사는 비도덕적인 사회처럼 형용모순을 낳기도 한다. 여러 사례를 통해 다양하게 생각을 펼치도록 도와주면서 학생들이 스스로 판단하도록 안내하는 것이 코치의 역할이다.

"

구세대와 신세대는
화합할 수 없다

"

『아버지와 아들』

이반 투르게네프

14

1862년 발표된 투르게네프의 소설 『아버지와 아들』의 원제는 『아버지들과 아들들』이다. 투르게네프는 "이 소설에서 나는 두 세대의 갈등을 보여주고자 노력했다."라고 했다고 한다. 『아버지와 아들』은 이상적이고 자유주의자들인 아버지 세대와 혁명적이고 급진적인 아들 세대 간의 갈등을 그리고 있다.

러시아의 '1840년대인'들인 아버지 세대는 프랑스어를 사용하는 것을 교양으로 생각하고 철학과 시, 예술을 공부하는 것을 즐겼던 세대였다. '1860년대인'들인 아들 세대는 자연과학을 비롯한 실용 학문을 받아들여 낙후된 러시아를 개혁해야 한다고 생각하는 세대이다. 구세대와 신세대의 갈등은 새삼스러운 주제가 아니다. 오히려 동서고금을 막론하고 발견되는 인간의 보편적인 현상이다. 그럼에도 사회변화의 낙차가 매우 클 때 기존의 신념이나. 이론, 학문이 위세를 잃고 휘청거릴 때가 있다.

소설은 이처럼 사회적 갈등이 폭발할 때 세대 간의 화합을 어떻게 다루어야 할지에 관한 보고서이다. 시간적 배경은 1859년 농노해방이 실시되기 2년 전 사회적 갈등과 두 세대 간의 갈등이 첨예하게 대립하던 시대이다.

이야기는 아르카디 키르사노프와 친구 예브게니 바실리예프(바자로프)가 학사학위를 받고 집으로 귀향하는 장면에서 시작한다. 아르카디의 아버지 니콜라이는 너그럽고 관대한 러시아 귀족이다. 44세인 그는 나름 대학 교육을 받았고 푸시킨의 시를 암송하며 첼로를 연주할 줄 아는 교양인이다.

농노해방에 개방적이며 젊은이들의 생각을 궁금해하고 신학문에도 관심이 높다. 같은 세대인 큰아버지 파벨은 귀족 군사학교를 졸업하고 28세에 대위를 달아 한때 출세가 예약된 청년이었으나 유부녀인 공작부인과 사랑에 빠지는 바람에 결혼을 못하고 지금은 독신으로 늙어가고 있다. 사람들을 도와주는 걸 즐기는 선량한 사람이지만 귀족 특유의 허세와 겉멋으로 외로운 황혼기를 보내고 있다.

바자로프는 대학을 졸업한 의사이다. 그는 실험과 관찰을 좋아하고 실용적인 것을 선호한다. 인간의 신체가 물질로 구성되어 있으며 동물과 별다를 바 없다고 생각하기 때문에 눈을 눈매라고 표현했을 때의 느낌을 부정하거나 정신적인 가치들을 부정한다. 파벨로 대표되는 아버지 세대는 구닥다리에다 추상적 공론을 즐기고 낭만주의에 심취해 있으며 아들 세대가 보기에는 무능하고 젠체하며 무위도식하는 사람들이다.

바자로프로 대표되는 아들 세대는 팩트를 중시하고 어떠한 권위도 인정하지 않으며 신앙이 결여된 세대로 아버지 세대가 보기에는 오만하고 뻔뻔하고 건방진 놈들이다.

"자네 아버지는 좋은 분이네." 바자로프가 말했다. "그러나 이미 시대에 뒤떨어진 사람이야. 그의 시대는 끝났어." 니콜라이 페트로비치는 바싹 귀를 기울였다…… 아르카디는 아무 대답도 하지 않았다. '시대에 뒤떨어진 사람'은 그렇게 이 분가량 꼼짝 않고 서 있다가 천천히 집으로 걸어갔다.

"그저께 보니까 자네 아버지가 푸쉬킨을 읽고 있더군."

그사이에 바자로프는 말을 이었다. "그런 건 아무 쓸모가 없다고 말씀드리게나. 자네 아버지는 더 이상 철부지가 아니니까 그런 무의미한 짓은 그만둬야 해. 요즘 세상에 낭만주의자가 되고 싶어 하다니! 자네 아버지가 실제적인 걸 읽도록 해 드리게나." "무엇을 읽게 하면 좋을까?"

"우선 뷔히너의 『힘과 질료』같은 책이 좋겠군." "나도 그렇게 생각해." 아르카디는 동의한다는 듯이 말했다. "『힘과 질료』는 읽기 쉽게 쓰였으니까……"

"이제 나하고 형님은." 그날 저녁 식사 후에 니콜라이 페트로비치가 형의 서재에 앉아서 말했다. "시대에 뒤떨어진 사람이 되었고 우리의 시대는 끝났어요. 어쩌겠소? 아마 바자로프가 옳을지도 몰라요. 그러나 솔직히 말하면 한 가지가 괴로워요. 이제야말로 아르카디와 친해져서 정답게 살 수 있으리라고 기대했는데 나는 뒤떨어져 있고 그 애는 앞으로 달아나버렸어요. 우린 서로를 이해할 수 없어요."

아르카디와 바자로프 같은 신세대와 소통하고 젊은이들의 세계를 이해하려고 노력하는 니콜라이와 달리, 뼛속까지 특권 의식에 절어있는 파벨은 바자로프를 사회의 좋은 가치나 규범을 부정하는 천둥벌거숭이라고 생각한다. 낭만적이고 이상적인 사랑에서 헤어 나오지 못하고 평생 독신으로 사는 파벨은 정신적 가치를 인정하지 않고 낭만적 사랑을 비웃는 바자로프가 못마땅하고 미심쩍다.

바자로프가 몹시 거슬린 파벨은 언젠가 한 번 혼쭐을 내주려고 단단히 벼르고 있다. 한편 바자로프의 눈에 귀족이랍시고 거드름 피우며 무위도식하는 파벨은 한심하고 성장을 멈춘 건달이자 귀족 나부랭이다. 서로 헐뜯을 기회를 노리는 두 사람은 상대방을 도무지 인정하지 않고 만날 때마다 날 선 논쟁을 이어간다. 특히 바자로프가 더 노골적으로 자기 생각과 다른 견해는 무시하거나 비아냥거린다.

마침 화제가 이웃에 사는 한 지주에게로 옮겨갔다. "그는 건달입니다. 귀족 나부랭이지요." 페테르부르크에서 그 지주를 만난 일이 있었던 바자로프가 냉담하게 말했다.

"실례지만 물어봅시다." 파벨 페트로비치가 입을 열었고, 그의 입술이 떨리기 시작했다. "당신의 견해로는 '건달'과 '귀족'이라는 말이 같은 의미요?" "저는 '귀족 나부랭이'라고 말했습니다." 천천히 차를 한 모금 마시면서 바자로프가 말했다.

"그래, 바로 그렇게 말했지. 하지만 내 생각에 당신은 귀족과 귀족 나부랭이를 똑같다고 생각하고 있소. 나는 그런 견해에 동의할 수 없음을 당신에게 밝히는 게 내 의무라고 생각하오. 감히 말하자면, 사람들은 날 자유주의적이고 진보를 사랑하는 사람으로 알고 있소. 그리고 바로 그런 인간이기 때문에 나는 귀족, 진정한 귀족들을 존경합니다. (...) 자기 자신에 대한 존경심이 없다면-귀족들에게는 이런 감정이 발달되어 있지만-bien public(공익), 즉 사회라는 건축물의 확고한 기초는 있을 수 없다는 거요. 귀군, 개성은 중요한 거요. 인간의 개성은 반석처럼 단단해야만 하오. 왜냐하면 그 위에 모든 것이 세워지기 때문이오. 예컨대, 당신이 나의 습성, 나의 옷차림, 나의 말쑥함을 가소롭게 여기고 있다는 걸 나는 아주 잘 알고 있소. 그러나 이 모든 것은 자존심에서, 의무의 감정, 그래요, 바로 의무감에서 나온 것이오. 나는 시골의 벽촌에 살고 있지만 스스로의 품위를 잃지 않으며 내 안에 있는 인간을 존중하오."

"실례합니다만, 파벨 페트로비치." 바자로프가 말했다. "당신이 그렇게 자신을 존중하면서 팔짱을 끼고 앉아 있는 것이 공익을 위해 어떤 도움이 되나요? 당신은 자신을 존중하지 않아도 그렇게 팔짱을 끼고 앉아 있을 겁니다."

파벨의 얼굴은 창백해진다. 한 치도 양보하지 않는 둘의 대화는 두 세대 간의 갈등을 압축해서 보여준다. 이는 혈통에 기반한 귀족 세대와 교육에 기초해서 사회를 개조하려는 새로운 세대의 충돌이기도 하다. 바자로프는 자연이란 음미하고 찬양하는 사원이 아니라 공장이며 인간은 그 속에서 일하는 노동자라고 생각한다. 러시아 귀족의 무능과 부패와 타락이 러시아의 후진성의 원인이라고 생각하기 때문에 물리학, 화학, 생물학 등 실용 학문을 받아들여 사회에 유익한 가치들을 창출해야 한다고 생각한다.

따라서 기존의 추상적인 모든 것을 파괴하는 것이 바람직하다고 생각한다. 농촌경제 중심의 슬라브주의자들에게 맞서 과학과 실험을 존중하는 합리주의자의 태도이다. 이런 바자로프를 아르카디는 니힐리스트라고 부른다.

이래저래 아르카디의 집에서 지내는 것이 불편해진 아르카디와 바자로프는 친척의 초대를 핑계로 ○○○시로 떠난다. 그곳에서 만난 자유분방한 쿠크쉬나로부터 오딘초바라는 돈 많은 귀족 과부를 소개받은 두 사람은 오딘초바의 집에서 보름 동안

머문다. 오딘초바는 동생 카챠와 함께 죽은 남편에게 물려받은 유산으로 시골에서 농장을 경영하는 대지주다. 혼자 사는 여자가 꼬리표처럼 달고 다니는 온갖 나쁜 소문에도 끄떡없는 자유롭고 결단력 있는 지혜로운 여자다.

그녀는 죽은 남편 오딘초프를 비롯한 모든 남자에게 혐오감을 느끼고 있다. 남자란 칠칠치 못하고 답답하고 무기력하고 성가신 존재라고 생각한다. 그런 그녀에게 다른 사람들이 자신을 대하는 방식과는 사뭇 다른 바자로프는 흥미로운 존재다. 박식하고 격식을 따지지 않고 솔직한 모습은 신선하기까지 하다. 그러나 자존심이 강한 두 사람은 각기 다른 이유로 자신들의 감정에 솔직하지 못하다. 오딘초바의 자주적인 태도와 호의에 마음이 끌리면서도 자신의 낭만주의적 사랑의 감정을 인정할 수 없는 바자로프와, 바자로프가 마음에 들지만 진정한 사랑인지 확신하지 못하는 오딘초바의 밀당이 위태롭게 전개된다.

그러던 어느 날, 바자로프가 사랑을 고백하자 오딘초바는 한 발 물러선다. 사랑 자체를 인정하지 않는 유물론자의 사랑이 미덥지 않아서다. 자존심이 상한 바자로프는 자신의 혼란스러운 감정을 추스르지 못한 채 부모님 집으로 향한다.

이제나저제나 자식이 돌아오기를 학수고대한 바자로프의 부모님은 기뻐서 어쩔 줄 모른다. 엄마는 탄성을 지르고 쓰러질 정도이다. 아들의 가슴에 머리를 대고 흐느끼는 엄마의 모습은 냉철한 아들의 태도와 대조되어 애처로울 지경이다. 바자로프는 분주하게 음식을 마련하고 잠자리를 살피는 부모님의 애정 어린 잔소리도 달갑지 않다. 바자로프는 어떻게든 그와 가까이 있고 싶어 하는 부모님이 답답하고 거북하다.

그의 아버지는 군의(軍醫)였다가 은퇴한 후 시골 작은 농장에서 농사와 진료를 병행하는 온화한 인물이다. 그는 신학문을 공부한 아들이 자랑스럽고 대견했다. 신앙에 토대한 시대를 살았던 그는 신앙을 거부하는 아들과 불협화음 없이 잘 지내려고 무지 애쓴다. 아들의 눈치를 살피고 전전긍긍하는 아버지 세대의 또 다른 모습이다. 사제의 축복을 불필요하다고 거부하는 아들에게 형식만 조심스럽게 권유하거나 엄마의 지나친 애정 표현을 자제시키는 등 신세대를 배려하고 존중한다. 그는 세대교체를 당연하게 받아들이는 사람이다.

"현에서는…… 물론, 자네들이 더 잘 알겠지. 우리가 어디 자네들을 쫓아갈 수 있겠는가? 자네들이 우리 자리를 차지했으니까. 우리 시대에는 호프만의 체액설이나 브라운의 활력설 같은 것이 아주 우습게 보였지만, 그들도 한때는 세상을 떠들썩하게 하지 않았나.

지금은 누군가 새 인물이 나와서 라데마헤르의 자리를 차지했고, 자네들은 그 새 인물을 떠받들고 있지만 이십 년이 지나면 그 사람을 비웃게 될 거네."

3년 만에 집으로 돌아온 바자로프는 단 3일 만에 아르카디의 집에 있는 실험 도구를 핑계로 아르카디의 집으로 가버린다. 그리하여 다시 만난 파벨과 바자로프의 위험한 동거가 시작된다. 한편 니콜라이는 아내가 죽자 새로 들인 하녀의 딸과 사실혼 관계를 유지하고 있지만 아들을 비롯한 주변의 이목 때문에 정식 혼례는 치르지 못하고 있었다. 이름이 페네치카인 그녀는 아이가 아플 때 바자로프가 치료해 주고 평소 친절히 대해줘서 그에게 호감을 갖고 있었다.

그러다 파벨의 매 같은 눈에 페네치카와 바자로프가 키스를 하는 장면이 딱 걸린다. 대노한 파벨은 바자로프에게 결투를 신청한다. 어이없었지만 바자로프는 상황이 상황인지라 마지못해 받아들인다. 이튿날 여섯 시, 숲에서 증인 한 사람을 대동하고 열 발자국 앞에서 두 발의 총알로 결단을 내는 조건이었다.

결국 나이 든 파벨은 젊은 바자로프의 빠른 총알을 피하지 못하고 다리에 총상을 입는다. 와중에도 파벨은 바자로프의 진료를 거부한다. 다행히 다른 의사의 도움으로 파벨은 서서히 건

강을 회복한다. 아르카디의 집에 머물기 어려워진 바자로프는 아버지의 집으로 돌아간다.

아들의 부재에 우울해했던 노부부는 더할 나위 없이 반가워한다. 아버지와 함께 생활하면서 아버지의 진료를 돕던 바자로프는 발진티푸스로 죽은 환자를 해부하다가 병에 감염되고 만다. 그는 죽어 가면서 오딘초바를 찾는다. 소식을 듣고 한달음에 달려온 오딘초바에게 바자로프는 자신의 신념이 잘못되었음을 인정하고 그녀를 사랑했다고 고백한다. 오딘초바는 자기 뜻을 펼치지도 못하고 죽어가는 바자로프의 이마에 처음이자 마지막 키스를 한다. 아르카디와 카챠, 니콜라이와 페네치카는 합동결혼식을 올리고 파벨과 오딘초바는 고향을 떠나 모스크바로 간다. 바자로프의 부모님은 아들의 무덤 앞에서 기도한다.

그들이 바자로프에게 쏟아부었던 헌신적인 사랑과 기도와 눈물은 헛수고였을까? 그의 무덤 위에 핀 꽃들이 구세대와 신세대의 영원한 화해와 무궁한 생명을 증언하는 것처럼 보인다.

모든 구세대와 신세대의 싸움이 파벨과 바자로프처럼 극한 대결로 귀결되는 것은 아니다. 그러나 사회가 급변하고 이전의 질서와 가치가 붕괴할 때 세대 간의 갈등이 더욱 심해지는 것은 사실이다.

자기들 삶의 경험으로 세상을 이해하는 구세대는 신세대를 이해할 수 없어 혼란스러워하고, 신세대는 신세대대로 꼰대 같은 구세대를 피하거나 무시한다. 구세대는 원칙을 고집하고, 미성숙한 신세대는 섣부른 저항으로 불화를 자초한다.

차이를 존중하고 서로를 이해하려는 노력이 부족할수록 가정이나 사회는 고통스럽고 불행해진다. 아르카디는 아버지에 대해 일종의 우월감을 느끼고 아버지의 사실혼과 배다른 동생을 인정하지만 그것도 썩 바람직한 모습은 아니다. 바자로프의 아버지는 아들을 우러러보며 존중하지만, 번번이 실패한 짝사랑처럼 어긋나기만 한다.

다음 세대로의 교체가 인간의 변함없는 진리이니만큼 어떻게 해야 구세대의 원숙함과 신세대의 참신함을 조화시킬지 이 소설을 통해 고민해 봄 직하다.

◇◇ 독서 질문

· 바자로프의 생각과 말투에 대해 어떻게 생각하는가? 동의하는가?

· 파벨과 바자로프는 서로 어떤 점을 마음에 들어 하지 않았는가?

· 소설에서 바자로프의 죽음이 의미하는 바가 무엇이라고 생각하는가?

· 소설 속 논쟁처럼 예술은 인류의 진보에 도움이 될까?

· 바자로프의 생각처럼 사회가 공정하게 바뀌면 악이 사라질까?

· 바자로프를 대하는 부모님의 태도에 대해 어떻게 생각하는가?

· 세대 간의 갈등을 줄일 방법은 어떤 것들이 있을까?

· 바자로프와 아르카디처럼 같은 세대 간에도 존재하는 차이에 대해
  생각해 보자.

· 바자로프가 오딘초바에게 솔직하지 못했던 이유가 무엇이라고
  생각하나?

· 그리스 신화에서 세대교체의 특징을 찾아보자.

◇◇◇ 토론코칭

『아버지와 아들』은 단순한 내용에도 불구하고 독해가 쉽지 않다. 고유명사가 많이 나오고 한 사람의 이름도 여럿이라 헷갈린다는 점이 독해를 어렵게 만드는 점이다. 게다가 상당히 이질적인 문화권이어서 시대 상황에 대한 이해가 필요한 점도 독해를 어렵게 만드는 요인이다. 그러나 언제나 그렇듯이 몇 가지 단점을 극복하면 심오한 통찰과 지혜를 선사하기 때문에 잘 정리하면서 읽으면 좋다. 이 작품도 토의 시간을 넉넉히 확보해서 텍스트를 충분히 이해하고 어느 정도 숙의한 후 토론에 임하는 것이 좋다. 그래야 설득력 있는 탄탄한 토론이 진행될 수 있다.

이 토론은 세대교체라는 자연스러운 흐름을 이해하는 토론이다. 구세대와 신세대의 용어 정의를 책 속의 내용으로 국한해서 아버지들과 아들들로 정해도 좋고 좀 더 확장해서 일반적인 의미로 사용해도 좋다. 책 내용으로만 한정하면 쟁점은 양 세대 간에 소통과 공감, 존중과 사랑이 가능한지 여부다. 파벨과 바자로프를 예로 들면 이들은 우선 성장 배경이 달랐고, 받은 교육이 달랐으며, 처한 환경이 달랐다. 구세대와 신세대는 사용하는 언어도 달랐다. 언어가 다르면 생각과 행동이 달라질 수밖에 없다. 세계관도 너무 달랐다. 발달단계의 면에서 살펴보면 신세대는 진보적, 개혁적이며 구세대는 보수적, 안정 지향적이다. 그러나 아르카디처럼 아버지 세대를 받아들이고 아버지의 과업을 계승하거나, 바자로프의 아버지처럼 아들을 존중하는 방식으로 세대 간의 화합이 이루어지기도 한다. 파벨과 바자로프도 결투 후에 상대방을 인정하는 모습을 보이기도 한다.

아날로그 세대인 아버지 세대와 디지털 세대인 아들 세대 사이에서 벌어지는 갈등에서 아이디어를 얻어도 좋다. 구세대와 신세대의 불화를 이해하기 위해서 그리스 신화를 살펴보는 것도 유익하다. 신화에 나오는 우라노스와 크로노스의 관계, 크로노스와 제우스의 관계처럼 전쟁으로 상징되는 세대교체가 언제나 그 자체로 난제였다는 점을 이해하면 문제를 훨씬 더 잘 이해할 수 있다. 오히려 순탄하게 진행되는 세대교체는 정체된 사회에서나 가능하다는 점도 알 수 있다.

인류가 진보하는 한 세대교체는 늘 역동적이고 갈등을 변증법적으로 극복하면서 진행되는 법이다. 문제는 갈등을 어떻게 창조적으로 승화시킬 수 있을지, 상호 간의 이해를 증진하고 소통하려면 어떻게 해야 하는지이다. 학생들과 함께 주변의 사례들을 중심으로 논의해 보면 풍성한 토론이 될 수 있다.

아울러 미래를 준비하는 신세대인 학생들이 구세대인 부모 세대를 더 잘 이해하려고 노력하도록 돕는 시간이 될 수 있다면 그것만으로도 이 토론은 의미 있는 시간이 될 수 있을 것이다.

"
고리오 영감의
부성애는 정당하다
"

『고리오 영감』

오노레 드 발자크

15

19세기의 프랑스 사실주의 작가 오노레 드 발자크의 『고리오 영감』은 〔인간희극〕의 거대한 드라마에서 〈풍속연구〉 중 '사생활 정경' 항목으로 분류되는 작품이다. 발자크는 자신의 작품들을 유기적으로 연결하여 〔인간희극〕을 기획했다. 그는 소설들을 통해 당대 프랑스의 정치, 경제, 사회상을 사실적으로 복원해 독자들의 눈앞에 펼쳐 보이고자 했다. 〔인간희극〕은 한 인물이 다른 작품에 다시 등장하는 '인물 재등장 기법'과 2,000명이 넘는 인물들의 방대한 내용으로 소설의 신기원을 연 작품으로 평가된다.

비록 그의 죽음으로 인해, 예고했던 130여 편의 소설이 90여

편의 소설로 중단되면서 미완에 그치고 말았지만 기존 작품으로도 그 방대함과 심오함은 가히 따라올 자가 없을 정도다.

『고리오 영감』은 〔인간희극〕 중 잘 알려진 작품 중 하나다. 토마 피케티의 『21세기 자본』에도 인용돼 더욱 유명해진 작품이다. 또한 다이 시지에의 작품에도 등장해서 바느질 처녀를 개화시킨 소설로 한몫한다. 맹목적인 부성애의 상징인 고리오 영감과 출세를 위해 타락하는 외젠 드 라스티냐크 등의 강렬한 캐릭터가 살아 있는 불후의 작품이다.

아낌없이 주는 나무처럼 자식에게 모든 것을 헌신한 고리오 영감이 딸들에게 버림받고 쓸쓸히 죽어가는 모습에서 많은 사람들이 셰익스피어의 『리어왕』을 떠올리기도 한다. 부성애를 주제로 진정한 사랑의 모습이 무엇인지, 인간이 돈의 위력 앞에서 얼마나 비굴하고 비정해지는지를 19세기 프랑스 파리라는 시공간을 통해 생생하게 보여주고 있는 작품이다.

소설의 배경은 프랑스 대혁명 이후, 나폴레옹 제정, 왕정복고를 지나면서 정치체제가 요동치던 시기이자 초기 자본주의의 폐해가 극심하던 시기이다. 귀족계급이 누리던 기득권이 자본을 토대로 한 부르주아로 이동하면서 기회주의가 판을 치던 시기이기도 하다. 파리의 뒷골목에 자리한 허름한 보케르 여관은 남녀노소가 모두 기거할 수 있는 하숙집이다. 50살쯤 된 여주인 보케르 부인은 철저하게 이해관계에 따라 하숙생을 대하는 속물이다. 그녀는 젊은 하숙생들은 빵을 많이 먹는다는 이유로 달가워하지 않는다. 그녀는 하숙생들에게 돈의 액수에 따라 천문학자처럼 정확하게 정성과 존중을 배분한다.

1813년 이 하숙집에 처음 이사 올 때, 값비싼 옷이 가득한 옷장을 가져온 고리오를 선생님으로 부르다가 값나가는 물건을 하나씩 팔고 값싼 방으로 옮긴 고리오 씨를 고리오 영감으로 바꿔 부른 이도 보케르 부인이다. 그녀는 처음에는 돈이 많은 고리오 영감을 유혹해서 결혼하려고 했다.

그 과정에서 어이없게 백작 부인에게 사기도 당하고, 점점 가난해진 고리오 영감이 싫어진 그녀는 숫제 고리오 영감을 왕따시킨다. 하숙생들의 조롱거리로 전락한 고리오 영감은 보케르 부인의 푸대접에도 아랑곳하지 않는다. 곰팡이 냄새, 기름 썩는 냄새 등 갖가지 냄새가 뒤섞인 보케르 하숙집은 각각의 이유로 불행에 지친 7명의 하숙생이 살고 있었다.

어머니의 유산을 만져보지도 못하고 아빠에게 쫓겨나 고아처럼 혼자가 된 빅토린 타유페르와 그녀를 엄마처럼 거두어 보살피는 쿠튀르 부인, 남의 말을 따라 하는 희미한 그림자 같은 사내 푸아레와 한때는 예뻤음 직하나 지금은 거의 해골처럼 된 미쇼노 양, 딸들에게 모든 재산을 빼앗기고 버려진 고리오 영감, 앙굴렘에서 파리로 상경해 출세해 보겠다고 법학 공부에 매달리는 외젠 드 라스티냐, 본명이 자크 콜랭인 도형수인데 신분과 이름을 속이고 도망 다니는 보트랭 등이 그들이다.

넉살 좋은 보트랭은 보케르 부인을 엄마라고 부르면서 일종의 특권을 누린다. 그는 호탕하고 선량해 보이지만 냉소적인 태도와 적나라한 출세욕, 비도덕적인 가치관을 가진 가차 없는 현실주의자이다.

그는 가난하고 절박한 라스티냐의 사정을 꿰뚫어 보면서 거침없이 훈수한다. 세상은 반항 아니면 어리석은 복종뿐이며 출세하려면 빅토린을 잡아야 한다고 설득한다. 프랑스에 검사장 자리는 20개에 불과한데 그 자리를 노리는 지망생은 2만 명이라서 청년들은 항아리 속에서 거미처럼 서로를 잡아먹고 있는 형국이라고 일갈한다.

차라리 자신이 확실하게 100만 프랑을 구해줄 테니 20%인

20만 프랑을 자기 몫으로 넘기라고 말한다. 방법은 은행가인 빅토린의 아버지의 막대한 유산이 빅토린에게 넘어갈 수 있도록, 유력한 상속자인 빅토린의 오빠를 결투를 가장해서 살해하는 계획이다. 라스티냑은 자신을 빅토린과 결혼시키고 거액의 유산을 물려받으면 수수료를 챙기려는 보트랭의 계획이 불안하고 불쾌하다.

고리오 영감은 1789년 프랑스 혁명기에 기근과 물가 폭등을 기회 삼아 재산을 크게 불린 부르주아다. 제면업자인 그는 명민하고 사업수완이 좋았으나 순박하고 어리숙한 면도 있다. 아내를 열렬히 사랑했다가 아내가 죽자, 두 딸을 사랑하느라 홀아비로 늙어가는 그는 보기 드문 순정남이다. 그는 딸 때문에 경쟁자에게 사기당해 파산한 적도 있을 만큼 오직 딸들의 기분을 맞춰주고 욕구를 충족시켜 주는 데에 일생을 바친다. 그는 딸들이 자기에게 가하는 고통까지도 사랑한다.

자식을 신의 반열에 올려놓느라 정작 자신은 노예가 될 만큼 어리석은 아버지와는 대조적으로 딸들은 자신의 신분 상승을 위해 아버지를 철저히 이용하고 버릴 정도로 이기적이고 비도덕적이다. 그녀들은 돈이 있을 때는 아버지를 찾지만 돈이 없을 때는 아버지를 외면할 만큼 도덕이나 가치 규범이 타락했다. 두 딸은 아버지의 돈을 앞세워 각각 백작과 남작이랑 결혼했다. 그러나 이해타산으로 맺어진 결혼이 으레 그렇듯 그녀들은 정부와 놀아나고 고리오는 두 딸의 사치와 불행한 결혼 생활을 구제해 주느라 등골이 빠진다.

자신에게 온통 기대를 걸고 있는 가족을 고향에 남겨두고 파리에 온 남불지방의 몰락한 귀족 출신 라스티냑은 가족의 총수입 3,000프랑 중 1,200프랑을 혼자서 쓰는 법학도이다. 남은 여섯 식구의 흥망성쇠가 그의 어깨에 달려있다. 초기에는 공부 해서 성공할 생각이었는데 인맥 없이 성공할 수 없다는 현실 자각이 생긴 이후 사교계에 투신할 계획을 세우고 있는 순진한 애송이다.

라스티냑은 마침 당대 귀족 사교계의 거물 드 보세앙 부인이 자신의 먼 친척이라는 사실을 알고 접근한다. 드 보세앙 부인의 집에서 열리는 무도회의 초대장을 받는 것은 상류계급의 인가증 같은 효력이 있었기 때문이다. 드 보세앙 부인 무도회에 초대받은 라스티냑은 손님 가운데 미모가 뛰어난 드 레스토 백작 부인을 눈여겨본다. 나중에 드 레스토 백작 부인은 고리오의 큰

딸 아나스타지로 밝혀진다. 그녀에게 불쑥 찾아간 라스티냑은 그녀의 푸대접과 돈이 주는 위력에 큰 충격을 받는다. 그녀의 정부가 소유한 멋진 옷차림, 마차 등 자신에게 없는 것들이 자신을 초라하게 만들었기 때문이다. 라스티냑은 출세가 미덕이고 돈이 전부라는 점을 깨우친다.

라스티냑은 드 보세앙 부인에게서 고리오와 딸들에 대한 이야기를 듣게 된다. 큰딸은 드 레스토 백작 부인이고 작은딸은 드 뉘싱겐 남작 부인이었다. 고리오가 전 재산을 두 딸에게 주어 혼인을 시켰건만 아버지의 초라한 모습을 싫어하는 딸들과 사위들이 더러운 기름얼룩처럼 아버지를 외면한다는 사실도 알게 된다.

아버지는 20년간 키우면서 오장육부와 사랑을 주었건만 딸들은 레몬을 잘 짠 다음 겉껍질을 길모퉁이에 내다 버린 꼴이었다. 고리오가 불쌍해진 라스티냑은 이유 없이 고리오를 괴롭히는 하숙생들에게 영감을 괴롭히지 말라고 으름장을 놓는다. 그러나 고리오는 두 딸이 자신을 사랑하고 있으며 그래서 자신은 행복한 아버지라고 말한다.

"내 이름을 발설했다고 해서 드 레스토 부인이 당신을

원망한다고 어떻게 당신은 믿을 수 있지요? 나의 두 딸은 나를 아주 사랑하고 있어요. 나는 행복한 아버지요. 다만 두 사위가 나에 대해 잘못 처신했지요. 나와 제 남편들과의 불화로 인해 그 소중한 것들이 괴로움을 겪기를 바라지 않아서, 나는 그 애들을 은밀히 만나는 편을 택한 것이라오.(딸들을 먼 발치에서 보는 내용이 나온다.) 나는 '참 아름다운 여자구나!'라는 속삭임을 내 주위에서 듣게 되죠. 그런 말은 내 마음을 기쁘게 합니다. 그 애들은 내 핏줄이 아니던가요? (...) 나는 딸들의 즐거움으로 살아가고 있소. 각자 자신의 사랑하는 방식이 있는 법이죠. 나의 방식은 아무에게도 해를 끼치지 않는데, 왜 세상 사람들이 나에 대해 말이 많은지 모르겠소. 나는 나의 방식으로 행복을 느끼오."

  라스티냑은 엄마와 누이들에게 돈을 간청하는 간곡한 편지를 쓴다. 돈을 송금받은 그는 본격적으로 사교계에서 두각을 드러낼 준비를 한다. 당장 드 보세앙 부인의 도움을 받아 고리오의 작은딸 드 뉘싱겐 부인에게 접근한다. 귀족들의 사교계에 끼지 못한 열등감을 갖고 있던 드 뉘싱겐 부인은 라스티냑 덕택에 드 보세앙 부인의 무도회에 초대받는 걸 기뻐한다. 고리오는 라스티냑이 자기 딸을 좋아한다는 사실을 알고 기뻐한다.

그는 라스티냑한테 딸의 근황을 듣는 것만으로도 행복해한다. 드 뉘싱겐 부인과 가까워질수록 라스티냑도 점점 빚이 늘어난다. 사교계에서는 드 뉘싱겐 부인이 자신의 애인이라고 알고 있지만 실상은 두 사람의 관계에 있어서 전혀 진전이 없었다. 그럼에도 고리오는 딸을 위해서 라스티냑과 함께 지낼 아파트와 가구들을 장만하려고 계획한다.

보트랭이 타유페르의 아들을 없애려는 자신의 계획이 실행 중임을 알리자 라스티냑은 살인을 막기 위해 타유페르씨에게 가려고 하고, 일이 틀어질까 염려한 보트랭은 라스티냑에게 마취제를 탄 술을 먹인다. 빅토린은 오빠가 결투 도중 치명상을 입었다는 소식을 듣는다. 아들이 죽자, 타유페르씨는 빅토린이 집으로 들어오는 것을 허락한다.

한편 형사들로부터 보트랭이 도형수라는 사실을 전해 들은 푸아레와 미쇼노는 물증을 확보하려고 그에게 약을 먹인다. 그들은 잠든 보트랭의 어깨에 있는 글자를 보고 그가 수배 중인 자크 콜랭임을 알게 된다. 보트랭은 체포되고 보상금 때문에 밀고를 한 미쇼노와 푸아레는 하숙집에서 쫓겨난다.

고리오는 아버지의 역할은 주는 것이라며 남은 재산을 모두

털어 아파트를 준비하고 라스티냑이 진 5천 프랑의 빚도 갚아
준다. 막대한 유산을 상속받은 타유페르양보다 자기 딸을 선택
해 준 라스티냑이 고마웠기 때문이다. 델핀은 아버지야말로 진
정한 아버지라며 키스를 퍼붓는다. 고리오는 아파트 6층에서
가끔 딸을 보는 것으로 행복을 만끽하고 싶어한다. 가히 신적인
부성애다.

"저 애 참 예쁘지, 안 그렇소? 저 애처럼 아름다운 혈색과 예쁜
보조개를 가진 여자들을 많이 본 적이 있는지 좀 말해 보오.
천만에, 아닐 거요. 저 사랑스런 여자를 태어나게 한 것이 바로
나란 말이오. 이제부터 당신에 의해 행복해지면, 저 애는 천 배는
더 예뻐질 거요. 이보시오. 내가 들어갈 천당 자리가 당신에게
필요하다면, 나는 당신에게 그 자리를 내주고 지옥에라도 갈 수
있소. 자 저녁을 먹읍시다. 저녁을 먹어, 모든 것이 우리 것이야."
그는 무슨 말을 하고 있는지도 모른 채 말을 이어갔다.

"가엾은 아버지!" 노인은 일어서더니 딸에게로 가서, 그녀의
머리를 잡고 땋아 늘인 머리 가운데에 키스를 하며 말했다. "얘야,
네가 얼마나 손쉽게 나를 행복하게 해줄 수 있는지를 안다면!
가끔 나를 보러 와라. 나는 저 위층에 있을 거야. 너는 한 걸음만

옮기면 돼. 자, 나한테 약속해라!" "그럴게요, 사랑하는 아버지."
"다시 말해 봐." "그래요, 우리 아버지."

다음 날 이사 준비를 하는 라스티냑과 고리오에게 작은딸이
와서 남편 때문에 계획에 차질이 생겼다고 알린다. 큰딸도 내연
남의 도박 빚을 남편 몰래 갚은 게 들통이 나서 빚더미에 나앉
게 됐다고 통사정한다. 이에 라스티냑은 보트랭에게 받은 어음
을 큰딸에게 줘 위기를 넘기게 한다. 그렇지 않아도 두 딸의 불
행에 충격을 받은 고리오에게 큰딸은 무도회에 입고 나갈 옷을
구입하기 위한 천 프랑의 돈을 요구한다.

고리오는 종신연금 증서까지 잡혀가며 돈을 마련해 주지만
더는 버티지 못하고 결국 몸져누운다. 드 레스토 부인의 허영심
이 저지른 잔혹한 행위, 아버지의 마지막 헌신이 야기한 치명적
병세, 아버지의 병세엔 아랑곳하지 않고 무도회에 가려고 안달
이 난 드 뉘싱겐 부인까지 고리오 영감의 명줄을 재촉한 이기적
인 딸들의 행태에 라스티냑은 실망한다.

그는 또한 불륜과 부도덕으로 점철된 파리의 귀족들에게 환
멸을 느낀다. 그는 차라리 보트랭이 위대하다고 생각한다. 이
세상은 사람이 한 발만 담그면 목까지 빠져 버리는 진흙의 바다
인 셈이다.

고리오의 병세는 악화되기만 한다. 라스티냑은 딸들에게 사람을 보내지만 큰딸은 자기 불행의 원인이 장인과 아내 때문이라고 생각한 사위의 반대로, 작은딸은 무도회에서 돌아오다 걸린 감기를 핑계로 오지 않는다. 작은딸이 딸려 보낸 지갑엔 달랑 70프랑이 들어있었다. 라스티냑은 이전에 작은딸이 준 시계를 전당 잡혀 수의를 마련한다.

보케르 부인은 고리오가 죽을 경우 자신이 입을 손해와 그동안 빚진 것을 정산하라고 다그친다. 고리오는 죽어가는 도중에도 딸들이 올 것을 믿고 애타게 찾다가 끝내 오지 않자, 저주를 퍼붓는다. 큰딸이 뒤늦게 와서 아버지의 죽음을 보지만 이미 늦은 뒤였다.

라스티냑은 친구 비앙송과 함께 고리오의 사망신고를 한다. 두 사위 중 아무도 돈을 보내오지 않자, 라스티냑이 장례비용을 치른다.

라스티냑은 이제 달라졌다. 무덤을 바라보며 청춘의 마지막 눈물을 거기에 묻고 묘지의 꼭대기에 올라서서 파리 시내를 내려다보며 다음과 같은 웅장한 말을 내뱉는다. "파리, 이제 너와 나의 대결이다!" 그리고 사회에 대한 첫 번째 도전 행위로 드 뉘싱겐 부인 집에 저녁을 먹으러 간다.

"아무도 안 와." 노인이 일어나 앉으며 대꾸했다. "그 애들은 일이 있고, 잠을 자고, 오지 않을 거야. 나는 알고 있었다고. 자식이 어떤 것인지 알려면 죽어야만 해. 아! 이보오, 당신은 결혼하지 말고 자식도 갖지 마오! 당신은 자식들에게 생명을 주지만, 자식들은 당신에게 죽음을 준단 말이오. 당신은 자식들을 사교계에 출입시키는데, 그들은 당신을 거기에서 쫓아내고. 아니, 그 애들은 오지 않을 거야! 나는 10년 전부터 그걸 알고 있어. 나는 때때로 그렇게 생각했지만, 차마 그렇게 믿을 수가 없었지."

눈물이 두 눈의 붉은 가장자리로 흘렀으나, 떨어져 내리지는 않았다.

비정한 세상에 버려진 고리오의 처참한 최후였다. 노인들의 눈물은 젊은이들처럼 주르륵 흘러내리지 않는다. 노화로 눈물 샘도 말랐기 때문이다. 너무 슬프고 고통스러운데 정작 눈물마저 말라버려 더욱 애처롭다.

혼수상태를 오가며 오지 않을 두 딸을 애타게 찾고 고통스럽게 죽어가는 고리오의 곁에는 피 한 방울 섞이지 않은 가난한 고학생 라스티냐뿐이다.

신적인 부성애의 참담한 마지막이 우리에게 주는 메시지는 무엇일까. 돈이 세상 만물을 지배하는 자본주의의 세계에서 우리가 무엇을 희망할 수 있는지 고리오 영감은 묻고 있다.

◇◇ 독서 질문

- 고리오영감의 아낌없이 주는 사랑은 바람직한가?
- 고리오의 사랑의 기행(奇行)이 연약한 존재를 보호하려는 인간의 본성에서 온다는 작가의 말에 동의하는가?
- 귀족 부인들의 살롱에서 파리의 법률을 공부했다는 말의 의미는 무엇일까?
- 고리오가 두 딸의 결혼 후 2년 만에 버림을 받았다는 이야기에 라스티냑은 왜 눈물을 흘렸을까?
- 드 뉘싱겐 부인이 라스티냑을 통해서 얻고 싶은 것은 무엇일까?
- 고리오는 왜 라스티냑에게 아파트를 얻어 주었을까?
- 라스티냑이 보트랭의 살해 계획에 동의하지 않은 이유가 무엇이라고 생각하는가?
- 하숙생들의 말처럼 고리오 영감의 일생은 불행했을까?
- 고리오 영감이 자신의 부성애를 후회했다고 생각하는가?
- 라스티냑의 마지막 말 '파리, 이제 너와 나의 대결이다.'는 어떤 의미일까?

◇◇◇ 토론 코칭

고리오 영감의 부성애에는 찬탄할 만한 점이 많다. 지극히 약한 존재를 보호하고자 하는 마음에서 비롯된 사랑이므로 때 묻지 않는 순수한 사랑이고 마르지 않는 사랑이다. 실제로 단말마의 고통을 겪을 때조차 자신이 딸들에게 내린 저주를 후회하는 고리오의 모습은 숭고하기까지 하다. 라스티냑은 고리오의 부성애에 감동해서 눈물도 흘리고 마지막까지 영혼을 다해서 돕는다. 조건이 없고 대가를 바라지 않는 완벽한 사랑 그 자체로서 더할 나위 없이 훌륭한 사랑이다.

그러나 그 사랑을 받는 대상인 딸들에게는 그다지 바람직한 사랑이 아니었음이 분명하다. 그녀들을 오만하게 만들었고 더욱 의존적으로 만들었으며 주는 사람마저 불행하게 만들었기 때문이다. 과연 고리오 영감의 부성애는 옳다고 할 수 있을까? 이 토론의 목표는 선한 의도에도 불구하고 불행한 결과를 초래한 아버지의 사랑을 반성하면서 진정한 사랑의 모습에 대해 숙고하는 데 있다.

가히 신의 사랑에 비견될 수 있을 고리오 영감의 부성애가 초래한 불행은 그와 함께 딸들마저 삼켜버린다. 특히 빅토린을 외면하는 타유페르씨의 부성애와 비교하면 고리오 영감의 부성애와 라스티냑에게 한없이 자애로운 어머니의 모성애는 아낌없이 베풀기만 하는 사랑이 초래할 결과에 대해 숙고하게 된다.

　이 논제의 쟁점은 선한 의도에도 불구하고 좋지 못한 결과를 초래한 부성애의 양면성에 대한 것이다. 밝은 눈이 결여된 맹목적인 사랑이 몰고 올 나쁜 결과를 미리 알고 선택하는 사람은 없을 테다. 그렇다고 마음이 시키는 것을 거부할 사람도 흔치 않을 것이다. 인간의 모든 비극은 사후적이라는데 있다.

　『고리오 영감』의 이해를 위해서 『리어왕』과 비교하는 시간을 가지는 것도 추천한다. 진정한 사랑을 분간하지 못하고 말(言語)에 현혹되어 두 딸에게 버림받는 리어왕과 스토리가 비슷해서다.

　물론 나는 개인적으로 눈먼 사랑보다 눈 밝은 사랑을 추천한다. 눈 밝은 사랑이 무엇인지에 대해 또 다른 논의가 필요하겠지만.

『페스트』

알베르 카뮈

16

지난 코로나 팬데믹에 가장 많이 읽힌 책 중의 하나가 카뮈의 『페스트』일 것이다. 전 지구적 전염병 상황에서 질병의 확산과 전개에 따른 갖가지 인간 군상의 행태가 마치 예언서처럼 다가왔기 때문이다.

원래 2차 세계대전이라는 전쟁을 염두에 두고 쓰였으나 인간이 겪을 수 있는 모든 종류의 악 즉 전염병, 죽음, 전체주의 등 여러 재앙에도 적용될 수 있어서 어쩌면 초기의 제목이었던 『수인들(囚人들)』이 더 적절한가도 싶다.

고전 비극처럼 총 5부에 걸친 소설의 내용을 화자는 '연대기'

라고 규정하고 있다. 소설의 5부는 시간 순서대로 발단-전개-위기-절정-결말의 형식을 취하고 있다. 이 연대기는 194X년에 오랑이라는 인구 20만의 소도시에서 발생한 페스트에 관한 보고서다. 이 보고서는 직업 특성상 전염병의 진행 과정을 누구보다도 자세하게 관찰할 수 있었던 의사 리유와 외지인으로서 잠시 오랑에 머물렀다가 페스트 때문에 갇힌 타루라는 인물이 꾸준히 관찰한 수첩의 기록이 합쳐진 것이다. 그러니까 내지인과 외지인의 기록이 교차 검증된 객관적인 기록이며 특히 디테일한 타루의 기록으로 말미암아 매우 세밀한 연대기가 된 것이다. 의사 리유는,

"입 다물고 침묵하는 사람들의 무리에 속하지 않기 위하여, 페스트에 희생된 사람들에게 유리한 증언을 하기 위하여, 아니 적어도 그들에게 가해진 불의와 폭력에 대해 추억만이라도 남겨 놓기 위하여, 그리고 재앙의 소용돌이 속에서 배운 것만이라도, 즉 인간에게는 경멸해야 할 것보다는 찬양해야 할 것이 많다는 사실만이라도 말해 두기 위하여"

페스트에 대한 연대기를 글로 남길 결심을 했다고 밝힌다. 이것은 승리의 기록이라기보다는 페스트에 대한 공포와 그럼

에도 수행할 수밖에 없었던 투쟁의 기록이며, 여전히 진행 중인 일들에 대한 이야기라며 보고서는 시작한다.

오랑은 알제리의 한 도청 소재지로, 바다에 면한 현대적인 도시이다. 지극히 평범하고 단조로운 곳이다. 그저 한결같이 부자가 되겠다는 마음으로 일을 하고 사랑을 하고 취미생활을 하는 오랑 시민들은 시간도 없고 깊이 생각할 여유도 없이 습관처럼 일상을 산다. 즉 오랑이라는 이름을 서울, 파리, 도쿄, 뉴욕 등 아무렇게나 바꾸어도 무방하다.

이 도시에 이름 모를 전염병이 갑자기 예고 없이 닥친다. 리유의 병원에서 발견된 쥐 사체를 시작으로 도시 곳곳에서 발견되는 쥐들로 인해 리유는 심상찮은 예감을 느낀다. 쥐들이 사라지자, 하나둘 사람들이 죽기 시작한다. 리유는 이 병이 페스트라고 확신한다. 인간의 이해를 훨씬 뛰어넘는 비현실적인 사태에 우왕좌왕하다가 당국은 페스트를 선언하고 도시봉쇄령을 내린다. 이 재앙에서 먼저 희생당한 사람들은 낙관적인 사람들이다. 그들은 다른 이들보다 잘못이 많아서가 아니라 겸손하게 대비책을 세우지 않았기 때문에 죽어간다.

어차피 인간은 죽는다. 그렇다면 재앙 앞에서 운명론에 빠져 그냥 죽어야 할까? 리유는 죽음의 질서를 거슬러 사람들을 치료하고 투쟁하는 길을 택한다. 그것이 옳다고 생각하기 때문이다.

2부는 개개인의 행복을 잠식하는 페스트라는 추상과의 전면적인 싸움이 펼쳐진다. 확산하는 공포심과 함께 마음의 준비도 없이 맞은 사랑하는 사람과의 이별이 가장 견디기 어렵다. 리유도 병석에 오래 누워 있던 아내를 타지에 요양 보낸 후 전보만으로 연락을 주고받는 처지가 된다. 취재차 오랑에 머물다 발이 묶인 랑베르는 파리에 있는 아내를 만나기 위해 탈출을 시도하고, 크리스마스 선물을 파는 가게 앞에서 감상에 젖어 서로 기댔다가 결혼한 그랑은 자신을 떠난 아내에게 보낼 편지를 쓴다. 이미 몇 년 전에 떠난 그녀에게 닿을지는 미지수다.

그는 일상에 매몰돼 아내와의 소중한 사랑을 놓치고 난 뒤 뒤늦게 후회하며 살고 있다. 예수회 신부 파늘루는 설교를 통해 악과 타협한 세상의 반성을 촉구하기 위해 페스트 천사가 왔으며 이것이 사람을 사랑하는 하느님의 유일한 방식이라고 말한다. 한편 자신의 방식으로 정의를 추구하는 타루는 민간 보건대를 조직해 페스트와 투쟁한다.

랑베르는 리유 역시 아내와 생이별했다는 것을 알고 난 후 한시적으로 보건대에 합류하기로 한다. 식량 보급 제한, 휘발유

배급제, 절전 등 물자 부족이 심해지고 페스트에 좋다는 소문에 휩쓸려 알코올 소비가 증가하거나 박하 정제가 팔리는 기현상이 벌어진다. 초기에 교회로 몰리던 사람들이 도덕이 느슨해짐에 따라 향락에 빠지기도 한다.

3부는 페스트의 집단성에 할애된다. 페스트가 모든 것을 뒤덮어 버린다. 오랑은 감금 상태가 지속되어 죽음에 의해 유죄 선고를 받은 도시가 된다. 가난한 구역부터 시작된 페스트는 도시 전체로 확산되고 생이별, 귀양살이, 공포와 반항이라는 공통의 감정에 지배되는 역사적 사건으로 성격이 바뀐다.

단체 생활자들을 특히 공격해서 연대책임을 강요하던 질병이 이젠 고립을 요구하기도 한다. 시민들은 폭력, 방화, 약탈 등에 시달린다. 당국은 계엄령을 선포하고 즉결 처형도 불사한다. 자칫 혁명이 일어날 수도 있기 때문이었다.

페스트 희생자의 숫자가 급속히 늘자 죽음을 애도할 시간도 없이 신속히 장례를 치르게 되고 그마저도 종국에는 관도 격식도 없는 집단매장과 화장으로 바뀐다. 죽음에 죽음을 더하는 살풍경이 펼쳐지지만 모두 무감각해진다. 재앙은 모든 사람과 관계된다. 모든 것을 집어삼킨 집단적인 불행의 기간인 페스트 과정은 하나의 긴 잠처럼 생각될 정도다.

4부는 오통 판사의 아들에 대해 혈청 시험이 진행된다. 4월에 발발한 페스트가 9, 10월이 지나도록 맹위를 떨치고 있어서 사람들은 극도로 피곤해지고 지쳐간다. 온갖 미신이 횡행하고 예언서들이 난무한다. 가짜뉴스로 인해 기름먹인 레인코트도 유행한다. 물자 부족으로 물가는 급등하고 서민들은 직격탄을 맞는 데 비해 부유층은 타격이 없다. 오히려 투기가 성행하고 사치품 소비가 증가한다. 죽는다는 사실 외에 재난은 모두에게 평등하지 않다. 리유의 역할은 병을 치료하는 것에서 사람들을 진단하고 분류하는 일로 바뀐다. 카스텔의 혈청 시험이 리유, 타루, 랑베르, 그랑, 파늘루 신부가 지켜보는 가운데 오통 판사의 아들 필립에게 시행된다.

아이는 너무나 고통스럽게 죽는다. 어린애의 고통을 고스란히 느끼는 리유는 어린애들마저 주리를 틀도록 창조된 세상이라면 죽어도 거부하겠다며 신부를 공격한다. 필립의 죽음에 역시 충격을 받은 신부는 처음의 설교는 자비심 없이 행해진 거라며 기독교인들은 어떠한 시련 속에서도 이득을 구해야 한다고 설교한다. 모든 것을 받아들이거나 모든 것을 부정하거나라며 신을 사랑해야 한다고 강조한다. 신부도 역시 병에 걸린다. 그러나 그는 신부가 의사의 진찰을 받는 것은 모순이라며 진료를 거부하다 십자가를 손에 쥔 채 '병명 미상'으로 죽는다. 한편 페스트로부터 최초로 회복된 그랑을 시작으로 회복 환자 수가 점점 늘고 병세의 후퇴를 가리키는 통계치도 확인된다.

　5부는 페스트의 종식이 다루어진다. 페스트 환자 수가 급감함에 따라 1월 25일 당국은 질병이 저지됐다는 발표를 한다. 도시를 가장 두려움에 떨게 했던 등화관제가 해제되고 쥐와 고양이가 다시 등장하고 물가도 차츰 안정된다. 하지만 이방인이면서도 민간 보건대를 조직해 누구보다도 열심히 봉사했던 타루가 안타깝게도 페스트에 걸려 죽는다. 혈육 같은 정을 나눈 타루의 죽음 앞에서 리유는 무력하기만 하다.
　리유는 아내가 요양원에서 죽었다는 전보를 받는다. 리유는 물성이 없이 추상으로 전달된 아내의 죽음에서 결국 삶에서 얻을 수 있는 건 인식과 추억이라는 점을 깨닫는다. 페스트 때문에 자신의 범죄가 가려지고 밀수로 돈까지 번 코타르는 페스트의 종식을 바라지 않기 때문에 거리를 향해 총을 난사한다. 그는 시민들에게 상해를 입히고 체포된다. 페스트 퇴치를 축하하는 성대한 축하 행사가 열리고 랑베르는 그토록 고대했던 아내와 재회한다. 축제의 환호성 속에서 리유는 그러한 환희가 항상 위협받고 있다고 생각한다.

페스트균은 결코 죽거나 없어지지 않은 채 언제고 인간들에게 불행과 교훈을 주기 위해 어느 행복한 도시를 잠식할지 모르기 때문이다.

『페스트』는 카뮈가 천착했던 죽음에 대한 서사시이자 인간탐구 보고서다. 카뮈의 관심은 죽음이 선고된 세계에서 어떻게 사는 것이 옳은가의 문제였다. 인간의 이성으로는 이해하기 힘든 재난 상황에서 인간들은 다양한 방식으로 대응한다. 크게 보아 3가지 형태로 요약할 수 있다. 회피하는 방식, 초월적 존재에게 의존하는 방식, 저항하고 투쟁하는 방식이다.

첫째, 회피하는 방식이다. 초기 랑베르의 모습이며 거의 모든 시민의 모습이다. 스페인 내전에도 참가한 적이 있는 랑베르는 이념 때문에 죽는 사람들을 신뢰할 수 없어 한다. 육체를 가진 인간에게 중요한 것은 감정이라고 믿기 때문이다. 그러므로 사랑하는 사람을 위해서 살고 사랑하는 사람을 위해서 죽는 것만이 그의 유일한 관심사다.

페스트는 그에게 물성이 없는 추상적 관념일 뿐이다. 눈에 보이는 것과 만질 수 있는 행복을 바라는 그에게 페스트는 남의 일이다. 자신은 오랑 사람이 아니고 파리에 아내가 있으니 어떻게 해서라도 오랑을 벗어나는 것만이 중요하다고 판단한다. 그래서 탈출 방법을 백방으로 수소문하고 불법적으로라도 나가려고 한다. 그러던 그가 같은 처지의 리유가 페스트와 싸우는 것을 알고 변화한다. 개인의 행복이 공동체의 행복과 연결되어 있다는 연대 의식을 깨달았기 때문이다. 고민하던 그는 막상 떠날 기회가 오자 마음을 바꿔 잔류를 택한다. 그는 혼자만 행복하다는 건 부끄러운 일이라며 그렇게 되면 파리에 있는 그녀를 사랑하는 것도 거북해질 거라고 말한다. 랑베르도 악에 맞서 연대를 택하면서 저항에 합류한다.

또 하나의 방식은 초월적 존재에게 의존하는 방식이다. 파늘루 신부의 모습이다. 페스트에 대한 그의 방식은 신의 섭리에 맡기는 것이다. 그는 이전보다 더욱 신에게 매달린다. 페스트가 재앙이 아니라 천사이자 하느님의 자비로 해석되는 건 당연한 수순이다. 그러니 신의 처분에 맡기고 반성의 시간을 가져야 한다. 그러던 그가 필립의 고통을 목격하고 결이 바뀐다. 무고한 아이의 희생이라는 이 소설의 하이라이트 부분에서 신부는 자신의 신념이 도전받고 있다는 것을 느낀다.

리유는 '신이 창조한 참 좋은 세계'라는 성서적 세계관에 일침을 가한다. '신의 벌'인 질병이 아무 죄 없는 아이를 때렸을 때 어떤 논리로 신을 옹호할 수 있을까? 신부는 인간이 이해할 수 없는 것도 사랑해야 한다고 말한다. 신부는 전부 아니면 전무의 갈림길에서 전부를 선택한다. 신을 증오할 수는 없지 않은가? 의사의 진료를 거부하고 십자가를 손에 쥔 채 죽어가는 신부의 모습은 자신의 신념에 투철한 종교인의 모습이다.

다만 그가 필립의 죽음 후에 보건대의 최전선에서 봉사하거나 자신의 신념을 일부 수정하는 모습에서 보이듯 신부는 '경멸할 만한 것보다 찬탄할 만한 것이 많은' 선의를 가진 종교인의 표상이다.

다음은 타루와 리유로 대표되는 저항하고 투쟁하는 방식이다. 타루는 행동하는 양심이다. 훌륭한 사람이라고 믿었던 아버지가 사회의 이름으로 불쌍한 죄인에게 사형을 구형하는 것을 목격하고 충격을 받은 타루는 아버지와 결별한다. 가출한 그는 정치에 참여해서 사형 반대 투쟁을 한다.

그런데 문득 투쟁하는 자신도 역시 살인을 용인하는 자들과 다를 바 없다는 사실을 깨닫게 된다. 불의에 맞서 정의의 이름으로 행동하면서 자신도 불의를 저지르고 있다는 것을 알게 된 것이다. 그래서 타루는 사람들은 누구나 페스트를 지니고 있으며 중요한 것은 남에게 페스트를 옮기지 않도록 스스로를 살피며 나태해지지 않도록 긴장해야 한다고 말한다. 그는 페스트라는 재앙 앞에서 죽음에 저항하고 피해를 덜 끼치도록 하기 위하여 적극적으로 봉사한다. 동시에 그는 어떻게 하면 마음의 평화에 도달할 수 있는지 탐구한다. 그가 생각한 방식은 '공감'에 도달하는 것이다.

신 없는 세상에서 성자(聖子)가 되는 것이 그의 관심사다. 그에게 코타르는 "어린아이를, 그리고 인간들을 죽이는 것에 대해서 마음속으로 옳다고 긍정했다는 점"에서 진정한 죄인이다. 그는 인간의 모든 불행이 정확한 언어를 쓰지 않는 데서 온다는 것을 알고 정도를 걷기 위해 정확하게 말하고 행동하려고 노력한다. 그는 성자일까? 그건 독자의 판단에 달려있다.

리유는 멋모르고 선택했던 의사라는 직업의 특성상 죽음을 많이 목도한다. 결코 죽음에 익숙해질 수 없었던 그는 끝없는 패배라는 걸 알지만 있는 힘을 다해 죽음과 싸울 것을 선택한다. 그가 아는 진리란 인간이 고통을 감당하는 방식은 "함께 사랑하든가 함께 죽든가"이다.

리유는 신을 믿지 않는다. 신을 믿는다면 사람들의 병을 고치는 것을 신에게 맡겨버리면 된다. 리유는 창조된 그대로의 세계를 거부하고 투쟁함으로써 진리의 길을 걸어가고자 한다. 아울러 그는 영웅주의에 경도되는 걸 싫어한다. 영웅을 강조하다

보면 그런 드문 행동이 찬사를 받게 되면서 인간의 악의나 무관심이 일반적인 행동의 동기라는 것을 인정하게 되기 때문이다.

실로 '세상의 악이나 불행은 무지나 총명한 지혜 없는 선의에서 더 많이 발생하는 법'이다. 진정한 영웅은 그랑처럼 보잘것없고 존재감이 없지만 보건대를 움직이게 하는 일반 사람들이다. 그랑은 선량한 마음으로 매일 정확한 통계작성과 기록하는 일을 한다. 악에 맞서는 가장 좋은 방법은 이러한 성실함이고 언뜻 자질구레해 보일지라도 자신의 자리를 지키는 것이다. 그랑이 위대한 또 하나의 이유는 적확한 언어를 추구하는 그의 집요함 때문이다. 언어를 고르는 그의 신중한 태도는 인간의 모든 불행이 언어에서 비롯된다는 사실을 이해하고 실천하는 사람의 모습이다.

연금 생활자 코타르는 그랑과 같은 아파트에 거주하는 주민이다. 자신이 지은 범죄 때문에, 감옥에 가는 걸 두려워한 그는 자살을 시도한다. 그러나 자기애가 강한 그는 문밖에다 자신의 자살을 알리고, 이를 우연히 목격한 그랑에 의해 구조된다. 그는 페스트가 지속되기를 바라는 사람이다. 페스트가 창궐하자 자기 혼자서 겪던 고통을 다 함께 겪는다는 사실에 신이 난데다 배급 물자의 암거래로 돈을 많이 벌었기 때문이다. 그에게 페스트는 기회이자 행운이었다. 급기야 그는 페스트의 종식을 축하하는 사람들을 향해 총을 난사해서 경찰에게 연행된다.

이처럼 페스트에 휩쓸려서 허우적거릴 때 사람들은 저마다의 방식으로 살아간다. 사람들은 불행은 일시적이고 부자연스러운 것이라고 생각한다. 그래서 불행이 얼른 지나갔으면 하고 바라거나 일상을 꿈꿀 때 불행을 염두에 두지 않는다. 그러나 카뮈는 오히려 불행이 일상이고 자연스럽다고 생각한다. 자연스러운 것은 병균이고 건강, 청렴, 순결성 등은 병균을 거슬러서 저항하려는 노력과 의지의 산물이기 때문이다. 인생이 피곤한 것은 해이해지지 않도록 끊임없이 긴장하고 노력해야 한다는 사실 때문이다.

그것이 진실이라면 과연 이러한 세계에서 어떻게 사는 것이 바람직할까? 카뮈는 『페스트』를 통해서 공감에 기초한 인류의 따뜻한 연대를 제안한다. 인간은 기본적으로 선한 존재라고 생각하기 때문이다.

네거리의 떠들썩한 오케스트라보다도 정말 해방을 알리는 것은 바로 그들이었다. 말도 없이 서로 꼭 껴안은 채 황홀한 얼굴로 걸어가는 그 쌍쌍의 남녀들이야말로 그 소용돌이의 한가운데서 행복한 사람 특유의 의기양양함과 부당함을 감추지 못한 채 이제 페스트는 끝났다고, 공포의 시기는 이미 지나갔다고 확인해 주는 것이었다. 그들은 우리가 한때는 경험했던 저 어처구니없는 세계, 사람 하나 죽이는 것쯤은 파리 한 마리의 죽음 정도로 여겼던 그 무지한 세계, 저 뚜렷이 규정된 야만성, 저 계산된 광란, 현재가 아닌 모든 것 앞에서의 무시무시한 자유를 가져왔던 저 감금 상태, 제풀에 죽어 넘어지지 않는 모든 자를 아연실색하게 하던 저 죽음의 냄새, 이런 것들을 그들은 태연하게, 자명한 사실들에도 불구하고 부정하고 있었다. 그리고 그들은 마침내, 매일매일 어떤 사람들은 화장터의 아궁이에 켜켜이 쌓여 이글거리는 연기가 되어서 증발해 버리고, 한편 나머지 사람들은 무력함과 공포의 쇠사슬에 묶여 자기 차례를 기다리고 있던 그 어리벙벙한 민중이었다는 것을 부정하고 있었다.

이 대목이 유대인 학살을 방조하고 가능케 했던, 앞장서서 학살에 가담했던 사람들에 대한 리유의 관찰이면서 우리에게 던지는 묵직한 질문이다. 앞으로 또다시 닥쳐올 재앙에서 과연 우리는 어떻게 행동해야 할까?

◇◇ 독서 질문

- 사람들은 왜 초기에 페스트라는 것을 인정하지 않았을까?

- 오랑을 빠져나가려고 하는 랑베르의 생각에 동의하는가? 그 이유는?

- 파늘루 신부의 설교에 동의하는가?

- 리유가 말한 '파늘루 신부가 말한 것보다 더 나은 사람'이라는 의미는 무엇일까?

- 사형제도에 찬성하는가? 이유는 무엇인가?

- 이념 때문에 목숨을 버리거나 살인하는 것은 정당할까?

- 불의에 맞설 때 정의의 이름으로 사용하는 폭력은 정당한가?

- 인간의 모든 불행이 정확한 언어를 사용하지 않는다는 데서 온다는 의견에 동의하는가?

- 코타르의 행동의 동기는 무엇이라고 생각하는가?

- 공공의 이익이 개인의 자유보다 더 중요한가? 언제나 그러한가?

◇◇◇ 토론 코칭

각 학교에서 코로나 기간에 가장 많이 독서토론을 했던 카뮈의 『페스트』는 논제도 익히 알려져 있다. 그런데 분량도 좀 있고 문장의 밀도가 높아 쉬운 책은 아니다. 더구나 카뮈의 소설은 줄거리보다 인물들의 가치관에 비중을 많이 두는 철학적 소설이라서 학생들이 어렵게 느낄 수 있다. 줄거리와 인물 위주로 마인드 맵과 브레인 라이팅 토의를 통해 구조화하는 것이 내용 파악에 도움이 될 수 있다.

이 토론의 목표는 공동체를 이루며 살아가야 하는 개인이 어떻게 하면 행복해질 수 있는지 그 가능성과 한계에 대해 생각해 보는 시간을 갖는 데 있다.

이 토론에서 핵심이 되는 쟁점은 전염병이라는 특수 상황에서 공익과 개인의 권리 중 무엇이 우선인지이다. 전염병이 닥치면 어느 집단이든지 운명공동체가 된다.

코로나 때 경험했듯이 개인의 마스크 착용과 거리 두기 실천이 전염병 확산을 막는 유일한 방법이다. 누구나 환자나 또 다른 감염원이 될 가능성이 있기 때문이다. 모두의 문제인 한 어떤 개인도 예외를 인정할 수 없다. 따라서 공동으로 대응하고 개인의 자유를 희생해야 피해를 최소화하고 신속하게 페스트를 탈출할 수 있다.

그러나 아무리 이러한 명분이 정당하다 하더라도 공익을 위해서 개인의 자유나 행복을 희생시키는 것은 때로 너무 가혹할 수 있다. 개별은 자체로 유일무이하고 유한하기 때문이다. 그래서 랑베르는 어떻게 해서라도 탈출하려고 기를 쓴다. 이러한 개인의 자유나 행복 추구를 천부인권이라고 부른다.

무엇보다 중요한 것은 공동체의 구성 요소가 개인이라는 점이다. 개개인의 행복이 사라진 공동체는 존립 근거가 사라진다. 인간은 자신의 행복을 위해서 집단을 이루고 살아간다. 그 행복에 대한 판단은 개인 각자가 한다. 그러므로 집단의 이익을 위해 개인의 자유를 희생한다는 건 '개인을 제외한 집단'만큼이나 모순적이다.

다행히도 발발 3년 만에 우리는 코로나에서 벗어났다. 그러나 카뮈의 말처럼 미래에도 인류에게 늘 새로운 재앙이 닥칠 것이다. 페스트균은 결코 죽거나 소멸하지 않고 꾸준히 살아남았다가 인간들에게 불행과 교훈을 주기 위해 또다시 어느 행복한 도시를 일깨울 것이기 때문이다. 혹은 두 차례의 세계대전에서 목도한 것처럼 인간 자체가 페스트이기 때문이기도 하다. 그러한 상황에 맞서서 어떻게 행동하는 것이 바람직한지에 대해 생각하는 것이 바로 인간다움에 대해 사유하는 것일 테다.

　인간의 자유로운 연대를 꿈꾸는 카뮈처럼 나도 아름다운 세상을 꿈꾼다. 그 세상을 앞당기기 위해 혹은 그 세상이 더욱 바람직한 모습이 될 수 있도록 하기 위해 생각해 보는 시간이 되었으면 한다.

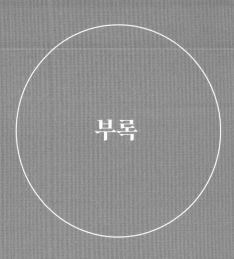

부록

다음의 발제문과 입론서는 실제 학생들과 수업할 때 학생들이 작성한 내용이다. 참고할 수 있도록 부록편에 수록하였다.

◇『어린 왕자』 발제문

오늘 여러분과 함께 토론할 논제는 생텍쥐페리의 『어린 왕자』에서 추출한 "눈에 보이는 것이 보이지 않는 것보다 중요하다."입니다.

주인공 비행기 조종사가 보아뱀을 삼킨 구렁이 그림에 대한 핀잔을 들은 후 직업을 선택한 기준이 되었던 골프, 넥타이, 카드 게임 등은 보이는 것을 의미합니다.

"중요한 것은 마음으로 보아야 해." "눈에 보이지 않는 것이 중요해."라고 말하는 여우의 주장은 보이지 않는 것을 강조하고 있습니다. 여우는 보이지 않는 마음이나 사랑이 세상을 움직이고 우리의 인생을 보다 가치 있게 만든다고 생각합니다.

여기서 우리는 대립하는 두 생각, 보이는 것과 보이지 않는 것 중 어느 것이 중요한가에 대해 고민하게 됩니다.

보이는 것과 보이지 않는 것은 다시 말하면 물질과 정신의 문제라고 할 수 있습니다. 물질은 생존의 기반이고, 물질 없이 우리의 삶은 불가능합니다. 그러나 물질적 가치 못지않게 정신적 가치 또한 중요합니다. 진리, 정의, 인간 존중의 가치는 우리가 소중히 간직해야 할 가치이고, 정신적 가치의 포기는 인간다움의 포기를 의미합니다.

　오늘 여러분과 함께 이 문제에 대해 진지한 토론을 하고 우리의 생각을 넓혀가고자 합니다. 여러분의 훌륭한 의견을 기대하겠습니다.

◇ 학생의 입론서 예시1 『크리톤』

_ 찬성 측

안녕하십니까? 오늘 저희는 "소크라테스는 탈옥해야 한다." 라는 논제로 토론하고 있습니다. 저는 찬성 측 남지현입니다.

사형판결을 받고 집행을 기다리는 소크라테스에게 친구 크리톤은 탈옥을 권유했으나 소크라테스는 절친의 간곡한 청을 뿌리칩니다. 이에 소크라테스는 탈옥의 이점보다 탈옥의 정당성을 살펴보자며 탈옥이 옳은 일인지 반문합니다.

용어 정의하겠습니다. 탈옥은 사형을 면하고자 불법적으로 감옥에서 탈출하는 것으로 정의합니다.

저희는 오늘의 논제에 찬성합니다. 저희가 탈옥에 찬성하는 이유는 첫째 재판의 부당성, 둘째 가장의 의무, 셋째 인권과 시민불복종입니다.

첫째, 부당한 고발로 인해 진행된 재판과 그에 따라 받은 벌이기에 소크라테스는 이를 따르지 않고 탈옥해야 합니다. 재판은 소크라테스를 아니꼽게 보던 세력의 부당한 고발로부터 시작되었으며 사실상 소크라테스는 죄가 없습니다. 따라서 그는 이런 부당한 재판으로부터의 판결을 수용할 의무가 없다고 생각합니다.

둘째, 소크라테스는 남은 가족을 부양해야 할 가장의 의무가 있기에 판결을 따르지 않고 탈옥해야 합니다. 만일 소크라테스가 죄를 인정해 탈옥하지 않고 사형당한다면 그의 남은 가족들을 부양할 사람이 사라집니다. 따라서 그는 탈옥해 자신의 가장의 의무를 다해야 합니다.

셋째, 소크라테스의 인권이 존중받아야 합니다. 인간은 존엄하기 때문에 인권이 존중되어야 합니다. 그러므로 소크라테스는 판결을 따르지 않고 탈옥해서 시민불복종을 행할 수 있습니다. 이는 특정 법률이나 정책이 올바르지 않고 소크라테스의 기본권을 침해하였으므로 이런 정의롭지 않은 법에 대항하기 위해 이 판결을 의도적으로 위반해 탈옥하는 '시민 불복종'을 행해야 합니다.

여러분, 소크라테스는 아테네 시민들에게 부당한 여론 재판을 받았습니다. 선동된 아테네 시민들은 소크라테스의 행동이 옳은지 옳지 않은지 제대로 살피지 않고 막무가내로 사형을 선고했으며 이러한 법의 횡포에 맞서는 방법은 우선 몸을 피해 목숨을 건진 다음 후일을 기약하는 것입니다. 따라서 저희 팀은 오늘의 논제에 대하여 첫째 재판의 부당성, 둘째 가장의 의무, 셋째 인권과 시민불복종의 이유를 근거로 찬성하며 소크라테스의 탈옥을 지지합니다. 경청해 주셔서 감사합니다.

_ 반대 측

안녕하십니까? 오늘 저희는 "소크라테스는 탈옥해야 한다."라는 논제로 토론하고 있습니다. 저는 반대 측 박가람입니다.

소크라테스의 사형집행이 예정된 날이 다가오자, 친구 크리톤은 감옥에 찾아와 탈옥을 권유합니다. 모든 준비가 끝났으므로 시간을 지체하지 말고 탈옥해야 한다고 말합니다. 이에 소크라테스는 탈옥이 정당한지 살펴보자고 말합니다. 소크라테스는 탈옥해야 할까요?

용어 정의하겠습니다. 탈옥은 사형을 면하고자 불법적으로 감옥에서 탈출하는 것으로 정의합니다.

저희가 오늘의 논제에 대해 반대하는 이유는 첫째 신념 고

수, 둘째 국법 준수 의무, 셋째 질서 유지입니다.

첫째, 신념 고수입니다. 소크라테스는 자신이 가진 신념으로 '탈옥'이 정의에 부합하는지 판단했습니다. 그 결과 불의한 행동이라고 정의하였기에 그는 탈옥하지 않고 사형을 받아들임으로써 신념을 고수해야 합니다.

소크라테스는 3가지 정의 원칙을 제시합니다.

1. 옳지 못한 일을 당하더라도 대중이 생각하듯이 앙갚음으로 불의한 짓을 해서는 안 된다.
2. 남에게 해를 끼친다는 것은 불의를 행하는 것과 조금도 다름이 없기 때문에 누군가에게 어떤 해를 입더라도 앙갚음으로 해를 끼쳐서는 안 된다.
3. 무엇에 대해 옳다고 동의했다면 대중의 의견을 무시하고 행해야 한다. 이렇듯 신념이 굳센 사람이 신념을 꺾기는 힘듭니다.(p104)

둘째, 국법 준수 의무입니다. 소크라테스가 탈옥하는 행위는 국법에 어긋납니다. 이미 소크라테스에게 사형선고가 내려졌기 때문에 소크라테스는 따라야 합니다. 법의 정의는 질서를 유지하고 사회를 유지하기 위해 정의를 실현함을 직접 목적으로 하는 국가의 강제력을 수반하는 사회적 규범 또는 관습입니다.(p95~96) 이미 소크라테스는 재판에서 추방형을 제의할 수 있었지만 사형을 택했습니다.(p100)

셋째, 질서 유지입니다. 소크라테스가 탈옥하는 것은 국법을 어기는 것이고 국법을 어긴다는 것은 사회적 혼란을 야기해 질서를 무너뜨릴 수 있습니다. 법을 지킨다는 것은 이익이나 정의, 평화 같은 외면적인 선을 이루는 것도 있지만 준수함으로써 '내면적인 선'을 지향할 수 있습니다. 도덕적 성품을 함양함으로써 개인의 도덕성이 향상되어 사회적 질서를 유지하고 이상적인 국가를 만들 수 있습니다. 법은 도덕의 최소한입니다. 물론 법을 잘 준수하는 것은 도덕적 성품의 함양에도 기여할 수 있지만 그보다는 형식적인 면에서 행동을 규제하여 사회질서와 안녕을 유지하려는 목적이 크다고 할 수 있습니다.

여러분 소크라테스는 탈옥하면 안 됩니다.
소크라테스는 말했습니다. "나에게는 법률이 그렇게 말하는 것이 들리는 것만 같네. 마치 코르반테스들의 귀에 피리 소리가 들리는 것처럼 말일세."라며 일차적으로 자신의 양심을 고백했습니다. 그는 탈옥해서 지금의 죽음을 피하는 것보다 확고한 신념으로 사형을 겸허하게 받아들였습니다. 시민으로서 국법을 준수해야 하며 사회의 구성원으로서 질서를 유지해야 합니다. 과연 탈옥하는 것이 옳을까요? 따라서 저희 팀은 첫째 신념 고수, 둘째 국법 준수 의무, 셋째 질서 유지의 이유를 들어 오늘의 논제에 강력히 반대합니다. 지금까지 경청해 주셔서 감사합니다.

◇ 학생의 입론서 예시2 『이방인』

_찬성 측

안녕하십니까? 저희는 오늘 "뫼르소에 대한 사형선고는 정당하다"는 논제로 토론하고 있습니다. 저는 찬성 측 안예지입니다.

주인공 뫼르소는 그의 어머니가 요양원에서 돌아가셨다는 전보를 받게 됩니다. 장례를 마치고 돌아온 후 뫼르소는 마리를 우연히 만나고, 사랑에 빠지게 됩니다. 또한 같은 아파트에 사는 레몽과 친해지고 그를 도와주게 됩니다. 레몽과 뫼르소가 전 여자친구 오빠 아랍인 무리에게 미행을 당하고, 레몽과 뫼르소가 초대받은 여행지에서 아랍인 무리를 만나게 되고 멀리서 태양에 강하게 비치는 칼 때문에 결국 아랍인을 총으로 쏴 죽이고 맙니다.

용어 정의부터 하겠습니다. 사형선고란 재판정에서 사형에 처한다는 판결을 선언하는 것으로 정의합니다.

저희는 경위가 어떻든 살인은 정당화될 수 없는 행위라는 이유에서 오늘의 논제에 찬성합니다. 오늘 저희가 찬성하는 이유는 첫째 살인에 대한 응보, 둘째 의도적인 잔인한 범행, 셋째 죄책감의 부재입니다.

첫째, 사람을 죽였다는 중대한 범죄는 정당화할 수 없습니다.

뫼르소가 아랍인을 죽인 것은 사실입니다. 살인은 다른 사람의 생명을 빼앗는 행위로 결코 정당화할 수 없습니다. 또한 살인은 용서받을 수 없는 범죄행위이자 보편윤리를 해치는 반인륜적 행위입니다.

둘째, 뫼르소의 행위는 정당방위를 넘어선 의도적인 잔인한 범행입니다.

뫼르소가 총을 쏜 행위는 정당방위를 넘어선 행동이며 총을 1발만 쏜 것이 아니라 1발을 쏜 후 4발을 더 쐈기 때문에 의도적이고 잔인한 범행입니다. 1발은 우발적이라고 볼 수 있지만 4발은 계획적인 살인이라고 볼 수 있습니다.

셋째, 사람을 죽인 것에 죄책감을 느끼지 않았습니다.

사람을 죽이는 행위는 인간사회에서 심각한 범죄 중 하나입니다. 이러한 행위로 인해 다른 사람의 생명이 소멸되고, 가족과 사회에 큰 상처를 줄 수 있습니다. 따라서 사람을 죽인 경우 죄책감을 느끼는 것은 매우 중요합니다. 인간은 사회적 동물로서 상호의존하고 공존하는데, 다른 사람의 생명을 존중하고 보호하는 것은 우리의 도덕적인 의무입니다.

지금까지 저희 팀은 첫째 살인에 대한 응보, 둘째 의도적인 잔인한 범행, 셋째 죄책감의 부재라는 이유로 오늘의 논제에 찬성하였습니다.

여러분! 뫼르소에 대한 사형선고가 정당한 이유는 사람을 죽였다는 중대한 범죄로 결코 정당화할 수 없기 때문입니다. 뫼르소의 행위는 정당방위를 넘어선 의도적인 잔인한 범행입니다. 게다가 그는 사람을 죽인 것에 대한 죄책감을 느끼지 않았습니다. 따라서 뫼르소에 대한 사형선고는 정당합니다.

경청해 주셔서 감사합니다.

_반대 측

안녕하십니까? 오늘 저희는 "뫼르소에 대한 사형선고는 정당하다"라는 주제로 디베이트하고 있습니다. 저는 반대 측 윤송이입니다.

책 『이방인』에서 뫼르소는 어머니의 시신을 보지도 않고 장례를 치릅니다. 심지어 어머니의 장례식장에서 눈물조차 흘리지 않습니다. 그리곤 매춘업의 포주를 도와 그의 연인에게 편지를 써, 포주가 연인에게 복수하는 것을 돕습니다.

그렇게 포주와 친분이 생긴 뫼르소는 회사 동료였고, 연인이 된 마리와 함께 포주의 친구 별장에 놀러갑니다. 그곳에서 포주의 전 연인의 오빠인 아랍인과 한차례 싸움이 납니다. 뫼르소는 포주에게 아랍인이 공격하지 않았는데 그에게 총을 쏘면 안된다 말하며 총을 건네받습니다. 뫼르소가 바람을 쐬러 나갔다가 아랍인과 마주치자 아랍인은 뫼르소에게 칼을 꺼내 들었고, 뫼르소는 아랍인을 주머니에 있던 총으로 쏴 죽입니다.

뫼르소는 아랍인 살해혐의로 기소당하고, 어머니의 장례식에서 눈물을 흘리지 않았단 이유로 사형선고를 받습니다. 과연 이 사형선고는 정당한 것일까요?

용어 정의하겠습니다. 사형이란 수형자의 생명을 박탈하여 사회적 존재를 제거하는 형벌로, 부조리한 재판의 결과로 뫼르소가 받게 된 처분입니다.

저희는 오늘의 논제에 반대합니다.

오늘 저희가 반대하는 이유는 첫째 정당방위, 둘째 근거의 불합리성, 셋째 기소의 비정합성입니다.

첫째, 아랍인을 총으로 쏴 죽인 뫼르소의 행동은 아랍인의 위협에 대한 정당방위입니다.

정당방위란 부당한 침해로부터 자신 혹은 타인의 법익을 방위하기 위해 한 행위로 이유가 타당할 시 벌하지 않는 것입니다. 우선, 뫼르소는 그의 친구들과 아랍인들이 싸우는 모습을 보았습니다. 그 과정에서 한 친구는 아랍인의 칼에 팔과 입을 다치고 피흘리며 의사에게 가기까지 했습니다. 이런 일을 눈으로 똑똑히 본 상황에서 뫼르소를 향한 칼날은 충분한 위협이었고, 뫼르소는 칼날이 눈을 관통하는 느낌까지 받습니다. 아랍인을 총으로 쏜 뫼르소의 행동은 정당방위입니다.

둘째, 뫼르소가 슬퍼하지 않았다는 근거가 불합리합니다.

뫼르소는 어머니 장례식에서 슬퍼하지 않았기에 잔인한 살인을 했다고 사형선고를 받게 됩니다. 이때 뫼르소가 슬퍼하지 않았다는 근거는 그가 눈물을 흘리지 않았음입니다.

하지만 뫼르소는 눈물을 흘리지 않았을 뿐 어머니의 죽음을 슬퍼하지 않은 것은 아닙니다. 사람마다 감정을 표현하는 법은 모두 다릅니다. 부모의 죽음이 슬프더라도, 모두가 3일 내내 굶고, 울며 혼절해 있지 않은 것처럼 말입니다.

뫼르소는 어머니가 간병인 없이 혼자 지내는 것보단 요양원에 들어가시는 게 낫다고 생각했습니다. 이는 어머니를 사랑하는 마음을 가지고, 어머니께 더 나은 상황을 제공하고자 했던 것입니다. 사랑하는 이의 죽음은 모두에게 슬픈 일입니다. 뫼르소 또한 표현이 서툴렀을 뿐, 죽음을 슬퍼했을 것입니다. 따라서 획일화된 기준으로 상대의 감정을 판단하는 행위는 옳지 않기 때문에 사형선고는 부당합니다.

셋째, 뫼르소의 기소 목적과 재판 내용이 맞지 않습니다.

뫼르소는 아랍인을 죽인 살인자로서 재판에 서 있었습니다. 하지만 뫼르소가 사형을 선고받게끔 한 재판 내용은 뫼르소가 장례식에서 보여준 태도에 집중하고 있습니다. 어머니 장례식에서 눈물을 흘리지 않았고, 관 앞에서 카페오레를 마셨고, 바로 다음날 마리와 해수욕을 하고, 레몽과 부도덕한 짓을 한 내용을 중심으로 재판이 진행되었습니다.

결국 뫼르소는 '어머니 장례식에서 슬퍼하지 않았기에 살인을 했다'라는 죄목이 입증되어 사형선고를 받습니다. 이는 부조리한 재판입니다. 따라서 기소 목적과 맞지 않는 이유로 내려진 사형선고는 정당하지 않습니다.

여러분! 뫼르소의 재판은 부당합니다. 어머니 장례식에서 울지 않았다는 이유가 어머니의 죽음을 슬퍼하지 않았다는 증거가 될 수 있을까요? 사람마다 감정을 표현하는 방식은 다릅니다. 하지만 감정표현의 방식을 한가지로 획일화시켜두고, 기준에 맞지 않았다고 다른 이의 감정을 함부로 판단하는 것이 옳은 일일까요? 저희 팀은 아니라고 생각합니다.

따라서 정당하지 않은 방식으로 내려진 판결은 정당하지 않습니다. 따라서 뫼르소의 사형선고는 정당하지 않습니다.

경청해 주셔서 감사합니다.

◇ 참고 도서

1. 『어린 왕자』 앙트완 드 생텍쥐페리, 이정서 역, 새움, 2017

   1) 『인간의 대지』 34쪽, 91쪽

   2) 『어린 왕자』 48~49쪽

   3) 51쪽

2. 『변신』 프란츠 카프카, 이재황 역, 문학동네, 2019

   1) 114쪽

   2) 117쪽

3. 『이반 일리치의 죽음』 레프 톨스토이, 이순영 역, 문예출판사, 2019

   1) 97쪽

4. 『동물농장』 조지 오웰, 도정일 역, 민음사, 2005

   1) 78쪽

   2) 114~115쪽

5. 『발자크와 바느질하는 중국 소녀』 다이 시지에, 이원희 역, 2015

   1) 220쪽

   2) 80~81쪽

   3) 103~104쪽

   4) 110쪽

5) 236~237쪽

6. 『이방인』 알베르 카뮈, 이정서 역, 새움, 2015

1) 84~86쪽

2) 166쪽

3) 『이방인』 153쪽(알베르 카뮈, 김화영 역, 책세상, 2018)

7. 『노인과 바다』 어니스트 헤밍웨이, 김욱동 역, 민음사, 2019

1) 104~105쪽

8. 『수레바퀴 아래서』 헤르만 헤세, 한미희 역, 문학동네, 2013

1) 109쪽

2) 140~141쪽

3) 116쪽

9. 『세일즈맨의 죽음』 아서 밀러, 강유나 역, 민음사, 2015

1) 157쪽

2) 160~161쪽

10. 『베니스의 상인』 윌리엄 셰익스피어, 권오숙 역, 서연비람, 2019

1) 81~82쪽

2) 86쪽

3) 133~134쪽

11. 『소크라테스의 변론』 플라톤, 천병희 역, 숲, 2017

   1) 29~30쪽

   2) 50쪽

12. 『크리톤』 플라톤, 천병희 역, 숲, 2017

   1) 90~91쪽

13. 『안티고네』 소포클레스, 강대진 역, 민음사, 2019

   1) 146쪽

   2) 149~150쪽

14. 『아버지와 아들』 이반 투르게네프,. 이항재 역, 문학동네, 2018

   1) 73~74쪽

   2) 78~79쪽

   3) 183쪽

15. 『고리오 영감』 오노레 드. 발자크, 이동렬 역, 을유문화사, 2016

   1) 170~171쪽

   2) 306쪽

   3) 376쪽

16. 『페스트』 알베르 카뮈, 김화영 역, 민음사, 2020

  1) 401쪽

  2) 387쪽

17. 『인간의 대지』 앙트완 드 생텍쥐페리, 이정은 역, 디자인이음, 2018

18. 『이것이 인간인가』 프리모 레비, 이현경 역, 돌베개, 2007

도서출판 이비컴의 실용서 브랜드 **이비락**🐝 은 더불어 사는 삶에
긍정의 변화를 줄 유익한 책을 만들기 위해 노력합니다.

원고 및 기획안 문의 : bookbee@naver.com

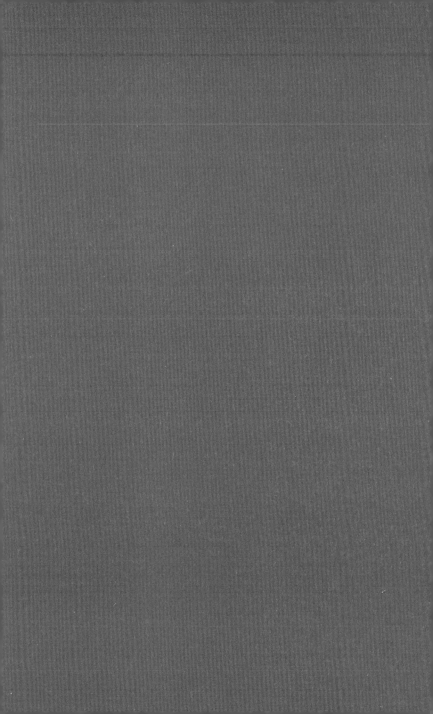